人為バブルの終わり

2018年、日本を襲う超円高・株安・デフレの正体

End of Manipulated Bubble

Wakabayashi Eishi

若林栄四

ビジネス社

はじめに　～中央銀行は孫悟空である～

ＦＲＢのジャネット・イエレン議長はかねがね、なぜ景気の良いアメリカはインフレにならないのか、これはコナンドラム、要は「謎だ」と語っていた。

これを聞いた私は、彼女は大局がまったくわかっていない、ただのオバサンにすぎないと思わざるをえなかった。彼女はいまの世界の大きな潮流がデフレであることをいまだに認識していないのだ。すべての出来事がこれに収斂《しゅうれん》するというのに――。

実際にはこのデフレの潮流に対して、大局観に欠ける世界の中央銀行が懸命に逆らおうとして、失敗を重ねている。アメリカを例に挙げると、アメリカをデフレに引きずり込んだ一発目は、ＩＴバブルの破裂である。この破壊力は大恐慌への嚆矢《こうし》となった１９２９年の株価大暴落を凌駕《りょうが》するものであった。だが、本来ならば大恐慌になるべき２０００年のＩＴバブルの破裂を、ＦＲＢは辛くも食い止めた。

１９２９年の株価大暴落の際はどうであったか。米財務当局は逆に増税を行ってしまい、さらなる状況悪化を招いてしまった。ちなみに当時の大統領は、ビジネスマン大統領と言われた共和党のハーバート・フーバー（第31代）。この年は大統領府、上院、下院の3つが共和党の支配下に入った珍しい年であった。

一方、2000年のITバブルの破裂後の2003年あたりからアメリカ経済はデフレ的な様相を呈してきた。そこでFRBは金利を滅茶苦茶に下げてデフレを回避した。

ところが、金利を下げすぎた結果、今度は住宅バブルが起きてしまった。その住宅バブルが2007年に破裂した。サブプライムローン問題などもそこで露呈したわけである。

このようにデフレを極端に恐れるFRBが無理矢理に景気を良くしようとしたり、株価を上げようとすると、ことごとくバブルが起きては破裂するようになってきた。そして2008年9月、アメリカはリーマン・ショックという大破裂を迎えた。

たとえば、お釈迦《しゃか》様の掌《たなごころ》があって、これをデフレの世界であるとしよう。孫悟空になった各国中央銀行が必死になって飛び回っているのだが、結局、孫悟空はお釈迦様の掌のなかで飛び回っているにすぎない。これが私の「中央銀行孫悟空説」である。

世界がデフレに染まっているなか、各中央銀行がデフレをなんとかインフレにしようとバタバタと動いているわけである。

数字であらわせば、ＦＲＢが３兆７０００億ドル、日銀が４００兆円、ＥＣＢ（欧州中央銀行）が２兆ユーロ、そしてバンク・オブ・イングランド等を含めて世界の中央銀行が合計約１０００兆円のマネーをばら撒いた。

これ以上金利を下げられないＦＲＢは３度にわたる量的緩和（ＱＥ）を打って、大恐慌への波及を止めにかかった。その効果はいかに――。２００５、２００６年の住宅バブル時同様、ＱＥバブルのような形で景気が盛り上がってきており、株価は絶好調、雇用統計などの数値も文句のつけようがない。これが現在のアメリカの見てくれである。むろん、かりそめの姿でしかない。

所詮《しょせん》お釈迦様の掌のなかだから、これもまた破裂する運命にある。

今後もデフレの世界のなか、景気が良くなったと見える事象はことごとく嘘、まやかしで、膨らんだバブルが破裂するというパターンが続く。よって世界中、どこも金利は上がらない。抗え切れない世界のデフレ潮流を決定づける出来事とは何だったのか？

間違いなく、２０１４年６月の資源バブルの破裂であった。１バレル１０７ドルだった原油価格が暴落。以降、原油価格は低迷を続けている。

ここで少しだけ資源バブルの歴史をトレースしてみよう。

資源バブルの嚆矢は、１９７３年10月に始まった第４次中東戦争であった。

当時1バレル3ドルの原油価格が同年12月には12ドル、4倍に跳ね上がった。OPEC（石油輸出国機構）がイスラエル支援国への販売価格を引き上げたためで、イスラエルを支援する国々は深刻な打撃を被った。これが第1次オイル・ショックと言われるものである。

その後、資源価格は若干の揺れ戻しがあったとはいえ、基本的にはずっと上昇し続けた。1983年あたりから始まったアメリカのレーガノミクスが相乗効果となって、世界中の資源価格を上昇させた。

言うまでもなく、産油国には巨万の富がもたらされた。もともと何もなかったサウジアラビアのような国が世界有数の金満国になってしまった。資源バブルのおかげで、サウジはじめ産油国が大きな顔をするようになったわけである。

だが、2014年6月、世界は資源バブルの破裂という大きな転機を迎えた。107ドルだった原油価格が瞬く間に暴落、資源バブルに終止符が打たれた。

その前の2008年に147ドルのピークを打ってから暴落し、もう一度107ドルまで上げ戻して2番天井をつけたのは、大天井147ドルからの6年後のことであった。

この2014年6月という日柄には、重要な意味が込められている。第4次中東戦争が勃発した1973年10月から40年半目が2014年の第2四半期。この40年半がとても重要なのは、黄金分割の162年の4分の1にあたるからだ。

資源価格が40年半の日柄を踏んで暴落を始めたということは、資源バブルが完全に終わり、今度は資源価格が下落していく大きな潮流に入ったことを意味する。

われわれが認識すべきは、これがいま世界で起きているいちばん大きな潮流であるということと、その潮流はいまから3年前に始まったばかりであるということだ。

そしてその大きな潮流に対して、各国の中央銀行が人為で対抗しようともがいているのが、昨今の俯瞰《ふかん》図である。

人為で対抗したことがまるで成功したような顔を見せるときがいちばん危ない。なぜか。人為が神意に勝てるはずがないからだ。先に「中央銀行孫悟空説」で示した通り、結局、孫悟空たる中央銀行はお釈迦様たるデフレの掌のなかで飛び回っているにすぎない。

そして人為で動き回った中央銀行の最大の責任とは、本来はデフレの経済を大規模な介入により指標となる数字を〝歪《いびつ》な〟ものに捻《ね》じ曲げたことである。そうした数字は必ず逆回転する運命にあることをわれわれは覚悟しておかねばならない。

若林栄四

はじめに　～中央銀行は孫悟空である～　3

第1章　アメリカの悲劇の開幕

第2章　トランプの通信簿

第3章　アベノミクスという誤謬

第4章　2022年から回復期を迎える日本経済

第5章　衰えを露呈するアメリカと怒らない日本人の現実

第6章　やがて超ユーロ高、ドル安、円安の時代がやってくる

第7章　200年雌伏してきた中国のエネルギー

最終章　デフレが続く2022年までの心得

付章　相場と黄金分割

第1章

アメリカの悲劇の開幕

資源バブルの申し子だったウォーレン・バフェット

2017年9月19日、アメリカの経済誌『フォーブズ』の創刊100周年記念式典の席上で、投資家のウォーレン・バフェットは次のように語った。

「いまから100年後のNYダウは100万ドルになる」

その論拠として、バフェットは「100年前のNYダウはたったの81ドルだった。それがいまは2万ドルを超えている」ことを挙げた。要は、彼は長期投資が重要なのだと言いたいのだ。私に言わせれば、バフェットには特別の能がないから長期投資しかできない、ということになる。だからこそ、バフェットはバリュー株に長期投資してきたわけである。

彼こそはまさに資源バブルに乗った人間であった。彼のネットワース（個人資産）は現在、400億ドル、1ドル100円計算で4兆円にまで膨れ上がっている。ところが1982年、彼の個人資産は2億5000万ドル、250億円（当時は1ドル約200円だったので、約500億円）でしかなかった。

資源バブルが本格的になってきて、それが資産価格に反映され始めたのがアメリカの金利の低下が明らかになったこの年あたりからであった。

巷間《こうかん》バフェットは投資の神様のような評価を得ているけれど、要は「資源バブルの申し子」にすぎない。

バフェットはバリュー株を買いまくった。1982年のNYダウ安値は769ドルで、それが2017年9月には2万2000ドルまで上がったのだから、彼の資産は加速度的に増えるわけである。この要因はすべて資源バブルに集約されると、私は思っている。

バフェットはその席でこうも語っている。

「アメリカに対する悲観論者はOUT　OF　THEIR　MIND（狂っている）」「アメリカ売りは常に敗者である」と。

バフェットについてきつく言いすぎたが、私は彼のすべてを否定するわけではない。

バフェットはいわゆる強欲主義ではなく、金持ち増税賛成派である。自分の秘書は30数%も払っているのに、自分たち富裕層が15%しか税金を払っていないのはおかしいと述べている、まともな人間だ。けれども、「アメリカ売りは常に敗者である」、ぶっちゃけて言えば、「アメリカをショートにして成功したやつはいない」というのは、明らかに間違いである。

たとえば1929年の大恐慌で破産して自殺者が続出していたときにショートで大金持ちになり、左うちわを扇いでいた一人がジョセフ・F・ケネディであった。あのジョン・F・ケネディ元大統領の父親だ。

大恐慌で自殺した人たちの恨みなのか、財を成したジョセフ・ケネディの長男は飛行機事故で死に、大統領となった次男は暗殺され、司法長官となった三男も暗殺されるという具合にそれぞれが非業の最期を遂げた。

だからといって、ジョセフ・ケネディがショートで大儲けしたことには間違いない。

私はバフェットの予測とは異なり、これからは1929年当時のジョセフ・ケネディのようなショートポジションに賭ける連中が笑うのだろうと思っている。

経済を歪めてしまったFRBによる大規模介入

資源バブルが破裂した2014年から世界のマネーはシュリンクし始めた。その証拠に、あのサウジアラビアが財政赤字に陥っており、赤字国債を出すに至っている。

こうした状況のなか、世界中の中央銀行は自国マネーを印刷《プリント》しまくってきた。FRBは3兆7000億ドル、日本銀行は400兆円をプリントして、国債などを買い支えてきた。

本来は減っているマネーの量をプリントマネーによって、なんとか下支えしている。これが現在の世界経済、資産市場の実態である。

したがって、本来、世界経済は好転するはずはないのだけれど、各中央銀行がプリントマネーという手段を用いることで、好転しているかのように見せている。

だが、実際には経済を〝歪めて〟いるだけである。

ＦＲＢが３兆７０００億ドルの介入をすれば、アメリカ経済の数字は当然ながら歪む。ということは、アメリカの失業率（雇用統計）をはじめとするＧＤＰ値、消費者物価指数等々さまざまな統計や指数は実力ではなく、歪められた数字と見るほうが妥当であろう。

ＦＲＢのバランスシートがリーマン・ショック前の９０００億ドルから４兆５０００億ドルまで急拡大した結果、アメリカ経済のあらゆる数字、指標は歪められてしまった。

そういう歪みを自らこしらえておきながら、「なぜ物価は上がらないのか。これはコナンドラム（謎）である」とコメントするイエレンＦＲＢ議長の暗愚《あんぐ》には呆れるばかりである。

デフレの数字のほうに関しては本当の数字、真水の数字が出ており、インフレにならないことをきっちりと裏付けている。その一方で、こんなに大規模介入してきたのになぜインフレにならないかわからない、と首をかしげるＦＲＢのイエレン議長がいる。これがアメリカの現実である。

ＦＲＢが〝人為〟でしか物事を考えられないから、そういうことになるわけだ。

これまでの経済学のセオリーとして、アメリカでは失業率が５・５％を切ると、労働賃金が上昇しはじめ、インフレになるとある。なのに、いま失業率の直近は４・１％と５・５％などとっくに下回っているのにそれがなぜ起こらないのか。

それはデフレ経済が本来のアメリカの姿であるからにほかならない。

現在の失業率をはじめとするあらゆる統計、指数はすべて嘘、まやかしなのだ。繰り返すが、いまのアメリカ経済が示す統計、指数はFRBの3兆7000億ドルの介入によりつくられた虚構なのである。

この虚構が生んだ数字をもとにして、〝神意〟であるデフレがいっこうにインフレにならないと言っているほうがおかしい。

資源バブル破裂から資産バブル破裂への連鎖

世界経済の死命を制するのは何か?

当然ながら、アメリカの長期金利、アメリカ10年債利回りである。これがわかれば、経済のすべてを見通すことができるといっても過言ではない。

たとえばアメリカの長期金利が下落すると円高、上昇したら円安になる。さらには、長期金利がさらに下がるという意味は、アメリカ株が下がるということである。ことほど左様に、いまの世界経済、世界のマーケットのゆくえはアメリカの長期金利に収斂する。

チャート①（米国10年債利回り四半期足　2017年10月）に示したアメリカの長期金利は神意の世界にほかならない。

そして、短期金利は人為の世界である。

FRBが人為で政策金利をこれまで4度上げた。短期金利はそれに伴って1％上がったけれど、長期金利はまったく上がらない。むしろ下げ圧力のほうが強い。

したがって、「人為vs.神意」は、長短の金利においてもきわめて明確に出現しているわけである。これは実に大きなピクチャーなのにもかかわらず、長短の金利の動きについて誰も指摘しないのは不思議な現象といえる。

FRBが人為で必死に動いてもアメリカがデフレから抜け出せない理由とは、ひとつにはアメリカ自身がバブルに踊りすぎたこと、そしてもうひとつが先にふれた通り、資源バブルの破裂にあったといえる。

とりわけ後者は、世界をめぐるマネーに決定的な影響を与えた。だからインフレにならないのだ。

その他の要因として、このところ論議になっているIT、AIの進歩で人間が要らなくなるとする危機感が挙げられているが、これは本質的なものではない。

本質は、資源バブルの破裂による資源価格の低下だ。これが世界経済の低迷、デフレを進行

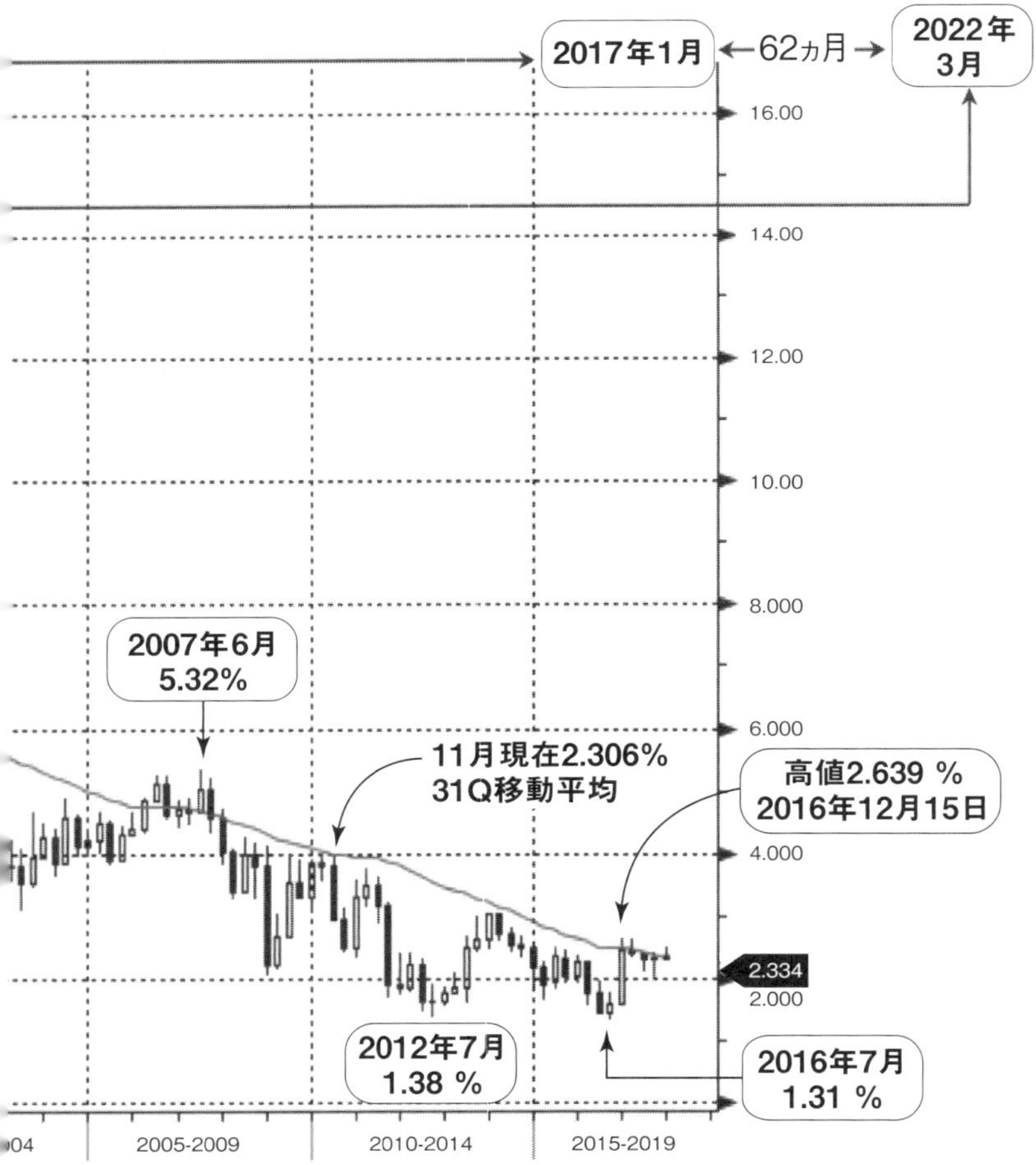
2017年1月
62ヵ月
2022年
3月
16.00
14.00
12.00
10.00
8.000
2007年6月
5.32%
6.000
11月現在2.306%
31Q移動平均
高値2.639 %
2016年12月15日
4.000
2.334
2.000
2012年7月
1.38 %
2016年7月
1.31 %
004
2005-2009
2010-2014
2015-2019

チャート①　米国10年債利回り四半期足

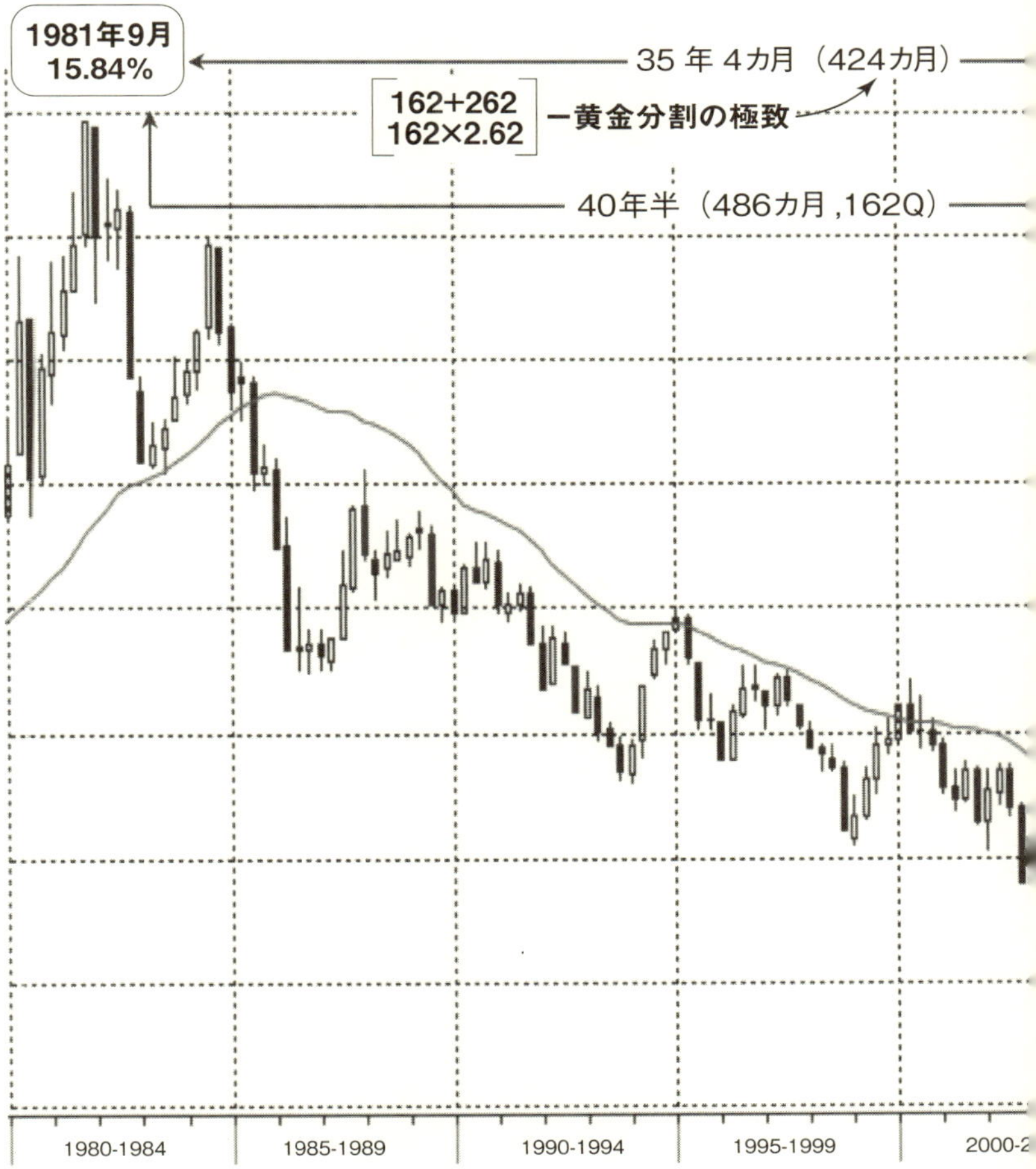

させているわけである。

そしていま注視すべきは、資源バブルの破裂に資産市場がいつ〝キャッチアップ〟するかだろう。資源バブルが破裂すれば、当然、資産市場も破裂するからで、いまは〝時差〟の段階に突入している。つまり、それがいつ起きるか、待つばかりの状況にある。

資産バブルの破裂を免れる可能性は皆無なのに、必死でファイナンスしているのが愚かな中央銀行たちということになる。

こうした状況であるにもかかわらず、まったく大局観のないウォール・ストリートの愚かな連中は「ＦＥＤ（連邦準備制度理事会）はできるな」などと近視眼的な快哉を送っているのが実相である。

２０１７年10月、ＮＹダウが最高値を更新し続けるのを受け、日本株も上昇してきた。日本経済新聞を読むと、海外の投資家がいよいよ日本株は本格的な上昇気流に乗るはずだとするコメントを出すなど、経済の先行きに対する論調が驚くほど強気になってきた。

世界経済が３・５％成長を達成しそうな勢いであることや、アメリカ経済の指標の良さが強気を後押ししているようだ。

私はかねてよりＮＹダウが早晩ピークを打つのは間違いないと言い続けてきた。しかし相場は予想より1年以上上昇し続けた。その後の研究で、２０１７年11月15日あたりには天井が来るという見方である。

ここを起点にアメリカ株はバブル破裂へと向かっていく。むろん一気には破裂しない。

いまは誰しもが強気一辺倒で、アメリカ株市場が破裂するなどと言う関係者は皆無だから、11月以降に急落しても買われる場面が幾度か出てくるといった相場が繰り返されるのであろう。

ポイントは、世界経済の本来の姿はデフレで、それは人為では如何ともしがたいということと、資源バブル崩壊が資産バブル崩壊に〝連鎖〟するのは時間の問題だということである。

これを指摘している人間は私くらいしかいない。

資産バブル破裂の犯人にされる運命にあるFRB

では、イエレンが過去の大規模なQEで膨らんだFRBの保有資産を縮小させ、出口政策を採るのも神意に反する行為なのだろうか。

そもそも膨大なQEを実施したこと自体が愚かだったわけだから、それを収縮することは、それなりに意義があるのではないかという考えかたである。

当然ながら愚かなことをしでかした後、それを形ばかりの収縮で好転させられるはずはない。

２０１７年10月から3カ月間は保有する米国債を月60億ドル、ＭＢＳなどは40億ドルずつ減らし、1年後にはそれぞれ月300億ドル、月200億ドル減らすと示しているが、こんな少額ではどうにもならないことはFRBも承知しているはずだ。神様はそんなことでは許してはくれない。FRBが何をしようが、アメリカ経済が災厄を招くことは回避できない。

現在の大局をわからない人たちから見れば、今後アメリカ株が暴落したとき、FRBが悪者になってしまう可能性が断然高いと思われる。

いままでは大規模QEによって何とか利上げができるまでアメリカ経済を回復させてきた「FRB善玉説」が有力であった。ここに来てFRBがバランスシート縮小を進めるときに資産バブルが破裂すればどうなるのか。

世の中では「引き金を引いた奴は誰だ?」という犯人捜しの議論になるのは論を俟《ま》たない。そのときには確実に、FRBのイエレン議長が資産バブル崩壊を招いた張本人として指弾を受けざるをえない。

この程度ならばいいだろうと思ってイエレンはFRBの資産縮小に動いたと思われるが、結果的には500億ドルぽっちでも、やはり資産縮小はまずかったということになる。

私に言わせると、マーケットとは投資家が何かしたから動くのではなく、マーケットが動くから投資家が動くわけである。

メディアは、きょうは投資家がたくさん買ったから相場が上がったと伝えている。それはまったくのお門違いである。投資家はそんなに賢くない。そんなに腕がいいわけがない。みんながたくさん買っても、下がるときはいくらでもある。投資家の動きなどマーケットには関係ない。

だから、主語が違うのだと私は思っている。マーケットが上がったから投資家が買ったのだ。マーケットが下がったから、投資家が怖くなって売ったのだと。主節と従節の関係が逆転しているのである。

これはマーケットというものに対する壮大なる誤解（ミスコンセプション）と言わざるをえない。

1929年と酷似する現在のアメリカの状況

いずれにせよアメリカ株は11月にピークアウトし、その後は下がる一方であろう。

なぜ私がそこまで確信をもって言えるのか。

ひとつには現在のアメリカの状況が1929年の大恐慌前の株高時と酷似しているからである。1929年9月3日、NYダウは386ドルの高値を見て急落した。いったん落ち着いたが、10月24日、暗黒の木曜日から急変して272ドルまで急落、11月13日には195ドルまで暴落した。

ここで下げ止まり、その後は翌30年の4月までの戻り高で、297ドルまで回復を見た。ところが、同年10月には195ドルの前年安値を割り込み、その後は1932年7月まで相場はひたすら下落、結局、40ドルで大底を付けた。2年10カ月で90％の大暴落であった。これが大恐慌の始まりである。

1929年当時、誰が大統領であったか？　共和党のハーバート・フーバーであった。このときは大統領府、上院、下院も共和党の支配下にあった。共和党がこの3者を支配したことは、この1929年以降88年間、今年2017年まで1度たりともなかった。実に興味深い符牒であろう。

この歴史は何を暗示しているのか。

共和党は大恐慌で大失敗したことで、共和党に政治を任せたら駄目だと、大半のアメリカ国民は痛感した。その後、ニューディール政策を打ったフランクリン・ルーズベルト（第32代）をはじめとする民主党大統領は、政府が需要をつくり出すというケインズ的な経済政策を粘り強く続けた。

それを共和党は80年代のレーガノミクスでひっくり返し、30数年間続けた。新自由主義的な経済政策、政府の関与を最小にしようという試みである。無理な減税を行って、強引に経済を持ち上げてきたが、いまになってそのツケが回ってきたわけである。

そして現在、前代未聞の愚かで邪悪ともいえる発言を繰り返すトランプが大統領になり、上院も下院も共和党がマジョリティをもつ88年ぶりの3者支配となっている。

だが、現実には、トランプの共和党は何もできないでいる。オバマケアのリフォームも、タックスリフォームもおそらく実質的には何もできない。

8年間にわたる民主党オバマ政権に対して、共和党の連中は揚げ足取りに終始してきた。けれども政権を奪取した共和党はこの1年間、成果らしき成果はまったくあげていない。

その一方で、資産価格の暴落が始まろうとしている。これがいま、アメリカが直面する現実である。

フーバーの話に戻ると、彼は若い頃鉱山技師として活躍、中国に渡った経験を持つ。その後帰国し、政治家に転じている。政治経験ゼロのトランプよりはましで、10年ほど政治経歴を積んだ。ただし主要閣僚の経験はなく、商務長官が最高位。

フーバーは根っからの古典派経済学の支持者で、大恐慌下においても政府による経済介入をミニマムに抑える政策を採り続けた。銀行がバタバタ潰れるのを放置した。きわめつけは、当時激減した税収を挽回するために増税を行うという愚策を弄したことであろう。１９３２年にアメリカ史上初の連邦税として消費税導入を実施、アメリカ経済はより深く沈没していった。

大恐慌が始まった1929年のアメリカ経済はさほど好調ではなく、株高だけが進行していた。そして、貧富の差が異常に拡大していた。いまと同じで財政赤字の緊縮が叫ばれていた。

したがって、いまのアメリカはまさに88年前のコピーのような状況にあるわけだ。

景気が良くなれば株価が上がるというロジックは間違っている

大恐慌前の1929年9月3日のNYダウはバブル破裂前の最高値である386ドルであった。この386に黄金分割ペンタゴンの高さの59を掛けると2万2774ドル。2017年10月5日の終値が2万2775ドルであったため、ここが天井ではないかと思った。

ITバブル破裂時の経験があるからだ。このときはナスダック市場の暴落がひどく、約90%も下がってようやく底をついたのが2002年の10月。そこからの60四半期目が2017年10月であるからだった。

相場はペンタゴンの高さである59が大切である。59まではペンタゴンの呪縛《じゅばく》が効いており、相場は上がり続けた。それが60に突入すると59の呪縛が切れて、つまり、相場は落ちやすくなるのである。それが2017年10月であった。

ところが、ＮＹダウはさらに最高値を更新していったため、先刻も示した通り天井は黄金分割59倍でなく、その次の61・8倍、２万３８５４ドルがきわめて濃厚となった。もうひとつの候補は大恐慌の底値40ドルにペンタゴンの高さ59の10倍の５９０を乗じた２万３６００ドルである。時期的には11月15日。

相場はいつ下がってもいいけれど、〝日柄〟が来るまでは、無理をしてその日を待っているものである。11月以降、待ちかねていたようにアメリカ株式相場は暴落するというのが私の見立てである。

黄金分割がピタリと当てはまった例は本当にあるのかと訊かれることがある。そんなときに私は、１９６５（昭和40）年、証券不況の際の例を説明することにしている。

当時株価はその４年前１９６１年７月の１８２９円の高値から下降しはじめ、日経平均は１０２０円まで落ちた。それが１９６５年７月で、大底であった。そこから日本株は上昇に転じた。日本経済がバブル景気に沸く時代が訪れ、大天井は３万８９５７円に達した。１９８９年12月29日のことである。

この１０２０円という底値に黄金分割の38・２を掛けると３万８９６４円になる。大天井と７円しか違わない。これは私が発見したものであるが、こうした数字の不思議、符牒《ふちょう》を疎《おろそ》かにしてはいけない。

ここで、なぜアメリカの景気指標が良いのに株が暴落するのか。そんな疑問にあらためてお答えしたい。

アメリカでは景気が悪いときでも株価はずっと上がり続けてきた。景気が悪いときに上がったから、景気が良くなったらさらに上がるのか。そうであるならば、景気が悪くても良くても、株価には関係ないはずである。要するに、株価は常に上がることになってしまい、それはおかしい。そうすると、株価とは銘柄企業の業績の関数ではない。あるいは、景気の関数でもないという当然の結論に至るわけである。

景気が良いから株価が上がるというのは、理屈としてわからないわけではないけれど、その理屈と、常に上がれば下がる、下がれば上がる相場の波動と、どういう具合に整合するのか。これは絶対に整合しないわけで、要は景気が良くなれば株価が上がるというロジックは間違っている、誤謬《ごびゅう》ということになる。

株が下がることによって景気が悪くなってくるのだ。あくまでも主語は景気ではなくて、相場なのである。

いくら何でも高すぎるアメリカ株

２０１７年８月、ＮＹダウは連日のように高値を更新していた。

８月３日のＮＹタイムズの１面に、トランプ劇場のドタバタにもかかわらず、アメリカ株が連日新高値を更新している背景が説明されていた。

ドイツ銀行のプロのコメントでは、「毎日のように流れ込んでくる、年金関連の投資を受けるには、債券市場の利回りは低すぎる。当然株式市場に流れ込んでくる大量の資金が株高を演出している。もちろん株式のバリュエーションが高すぎることは確かだが、ほかにおカネを受け入れる器がない」と記事のなかで説明していた。

しかしウォール・ストリートのプロの間ではいくらなんでも株価は高すぎるという警戒感も強く、次の５％の動きは、上ではなく下だろうという声も多かった。

こうしたマーケットのなかで、いちばん気になるのは米国長期債券の利回りである。

ＦＲＢは量的緩和（ＱＥ）で買い上げた連邦債と住宅担保証券（ＭＢＳ）を少しずつ減額していくことを決定、２０１７年10月から実施していることは先述した。

リーマン・ショック以前、ＦＲＢのバランスシートは８０００億ドル程度であったが、数次のＱＥで3兆７０００億ドルほど債券などを買い上げた。短期金利はすでに4度にわたって引き上げ、長期金利に影響を与える債券持ち高を減らし始めた。

現在でも満期が来た債券については同額を買い上げている。それを満期到来時、再投資しないことにより膨らんだバランスシートを徐々に減少させようというわけである。

この措置は２０１３年にバーナンキが発表したＱＥのテーパリング（買い入れ額を徐々に減少する計画）に匹敵するか、それ以上のインパクトを市場に与えてもおかしくなかった。テーパリング発表を受けて、２０１３年5月から9月までの4カ月間で長期金利は約１％上昇、10年物は3％を付けるほどの金利急騰を見せた（２０１2年7月は１・38％であった）。1年2カ月で約１・６％の金利上昇となったことから、テーパリング・タントゥラム（癇癪《かんしゃく》）とも呼ばれたほどであった。

ところが２０１７年3月、6月に行われたＦＲＢの利上げは長期金利にほとんど影響をもたらさなかった。雇用統計の強い数字が出るたびに、その都度利回りは上昇するが、しばらくすると、長期金利は再びゆっくり低下する流れが続いていたのである。

この流れの説明がなかなか難しく、理屈で説明できない部分が多い。

しかし現象面でいえば、一般のセンチメントとは逆に、長期金利が低下する動きがしっかりと定着しているように見える。これがトレンドというものだろう。

つまり、２０１６年７月から12月までの長期金利上昇局面（１・30％→２・64％）は一時的な現象にすぎなかったのだ。その長期金利の動きと、ＦＲＢの短期金利上げの動きがどう整合するのか。これは考えても分からないことである。エコノミストはいろいろな形で説明しようとするが、要は、長期金利は下げトレンド、短期金利は上げトレンドということで納得するしかない。

しかしいつまでも股裂き状態で長短金利が逆方向に進むことはあり得ない。

短期金利の方向に相場が収斂するなら、長期金利も上げに転じるということであり、長期金利の方向に短期金利が寄せてきて、全体が金利低下の方向に行くということも当然ありうる。

ここで考えるべきは、短期金利はＦＲＢが決めているということである。すなわち〝人為〟である。一方で長期金利は何故だか分からないが低下してくる。これはマーケットが決めていることである。すなわち〝神意〟である。

人為が勝つか、神意が勝つか。その帰結は明らかだろうというのが、私の結論である。

長期金利低下が神意ということは、高すぎる株価が大幅調整することを暗示しているわけである。

データが突き付けるアメリカのバブル破裂

加えて、アメリカの資産バブル崩壊が確実に訪れるであろうとするデータを示しておこう。次ページの表を見ての通り、1945年以降、FRBは計14回の引き締めを実施している。そして15回目の引き締め開始が2015年12月で現在、15回目の引き締めサイクルの只中にある。すなわち第15循環に入っている。

そしてこの表は、過去14回の引き締めフェイズのうち11回は後に金融危機を招いていることを示している。

要はソフトランディングできたのは3回だけである。

ソフトランディングというのは経済成長がスローダウンし、ゼロに近づくのだが、なんとかマイナス成長にはならずに済んだことを意味する。ソフトランディングした場合はいずれも、引き締め前の景気拡大の期間が短い。

景気拡大が非常に短かかったので、リセッション（景気後退）も非常に浅かったわけである。

一方、今回の景気拡大期間は2009年6月の底から始まって、すでに100カ月（2017年10月時点）が経過している。

FRBの引き締めサイクル

景気後退開始	景気後退期間	引き締め直前までの景気拡大期間
1929年10月	43カ月	
1937年4月	13カ月	
1948年11月	11カ月	37カ月
1953年7月	10カ月	45カ月
1957年8月	8カ月	39カ月
1960年4月	10カ月	45カ月
1969年12月	11カ月	106カ月
1973年11月	16カ月	36カ月
1980年1月	6カ月	58カ月
1981年7月	16カ月	12カ月
1990年7月	8カ月	92カ月
2001年3月	8カ月	120カ月
2007年12月	18カ月	73カ月
2009年6月	?	? 100カ月（2017年10月現在）

過去14回のうち景気拡大が１００カ月を超えているのは１９６９年12月と２００１年3月の2回しかない。後者の２００１年3月まで１２０カ月もの景気拡大を続けて破裂したのがＩＴバブルであった。

今回はいよいよ景気拡大が１００カ月を超えてきた。アメリカ株は絶好調だし、経済指標も良好だが、統計的に考えれば危ないということをわれわれも知っているし、神意には無頓着《むとんちゃく》なイエレンも知っている。なぜなら、ＦＲＢ自身が過去何度も取り組んできて蹉跌《さてつ》を経験してきたことだからである。

ちょっとおさらいをしてみよう。

この10月からＦＲＢのバランスシート

の縮小が始まった。FRBはQEでバランスシートを3兆7000億ドル分膨らませたわけだから、これから月に100～300億ドル縮小しても大勢にはまったく関係ない。

けれども、その意義はとてつもなく大きい。これまで膨らませ続けてきたバランスシートが初めて縮むのだから——。300億ドル程度では物理的な意味はないけれど、精神的な意義は重大である。

まもなくアメリカ株は確実に暴落を始める。そのときには必ず、FRBが出口政策を開始したことが、それまで膨らみに膨らんできた資産価格が暴落に転じるきっかけをつくったと、世界のエコノミストは得々と語るに違いない。まあ、見ていてください。

けれども本当は、それをいま言わないといけない。

いま、われわれは非常に危険なところにいる。それをFEDは知っているけれど、トランプは知らないわけである。

第2章

トランプの通信簿

このままでは不測の事態が起こりかねない

2017年10月28日、ワシントンポストはトランプ政権下で「政治の停滞が危険水準に達した」と考える国民が71％に上ったとの世論調査結果を伝えた。停滞の原因の「多く」か「ある程度」がトランプ大統領にあると回答した人が計85％を占めた。

人種や移民への差別を助長するようなトランプ大統領の言動が、政党間や党内の分裂を進めたと、多くの国民が懸念を抱いている実態が明らかになった。政治分裂に関しては、米軍撤退などをめぐり国論が二分したベトナム戦争当時と同じ水準か、それよりひどいと感じていると回答した人が70％に達した。政治停滞の理由でもっとも多かったのは「政治とカネ」の問題で、多少なりとも原因となっていると回答した人は計96％に上った。

この世論調査結果に対しても、トランプはワシントンポストがつくったフェイクニュースだと決めつけるのだろうか。

トランプは大統領就任以来、今日発言したことを明日には180度覆すような発言を平気でしており、まったく信用できない。加えて、人間的にも中身がない。この2つははっきりしている。したがって、この男の言うことはまともには受け取らないようにしようというのが、一般的なアメリカ人（熱狂的なトランプフリークを除く）の常識《コモンセンス》となっている。

ところがそうは言っても、トランプは曲がりなりにも大統領だから、他の誰にも邪魔されず、いつも持ち歩くカバンのなかにある核兵器のスイッチを押すことができる。

この大統領に好き勝手にやらせておいたら、本当に第3次世界大戦を引き起こす核先制攻撃をしかねない。いつ北朝鮮に核攻撃を仕掛けるかもしれない、という恐怖がワシントンD.C.に横たわっているし、それを何とかして防がなければならないというのが共和党、民主党議員に共通する考えである。いまはとにかく、ティラーソン国務長官、マティス国防長官、ケリー大統領補佐官の3人が必死になってこの男の暴走を抑えている。

もともとアメリカという国家が戦争を行うためには議会の承認が不可欠である。要は、開戦の権限は議会側にあった。にもかかわらず、このかた数十年、時の大統領が先に開戦を宣言してから、後追いで議会が承認する形になってしまっている。

イラク戦争にしてもそうであったが、ブッシュ・ジュニアが議会の承認をとらずに先制攻撃に踏み切ってから議会は事後承認をした。

今回はこのままでは不測の事態が起こりかねないとして、「核先制攻撃」について、議会のデクラレーション（宣言）がなければ実行できないとする法律をつくる動きが超党派で出ている。

大統領があまりにも恥ずかしい人物であるからだ。

ディープ・ステイトと新大統領との闘い

アメリカではこんな考えをもっている人が多くいる。

「アメリカがどうしようもなくひどい国になった場合は、アメリカ国民は国を倒して新しい体制を築く権利、『抵抗権』という考えかたがある。嫌なら国を倒して変えろということだ」

国への忠誠心、愛国心のレベルがとても高いアメリカだが、この考えかたは、同時に根強い国への不信が横たわっていることをあらわすものだ。憲法修正第二条で国民に武器の保有を保証している背景にはこの考えかたがある。

要するに、正しい人間が政権に就いていればいいけれど、本当にそうかをきちんとチェックする必要があるというわけである。

周知の通り、トランプ大統領のメディアに対する攻撃は猛烈かつ執拗《しつよう》である。

その最大の理由は、トランプ自身が「〝合法的に選挙で選ばれた大統領〟とそうではない〝裏にいる奥の院の連中〟との戦いだ」という受け止めをしているからだ。

その〝奥の院〟を形成するのがディープ・ステイト（闇の国家）といわれる〝国家の内部における国家〟にいる人たち。選挙の洗礼を受けていない高級官僚、裁判官、前ＦＢＩ長官、そしてメディアの集合体である。

自分は合法的に選ばれた大統領であるにもかかわらず、「あの選挙は間違いだったことを証明しようと、奥の院の連中が一生懸命邪魔をしている。これは国民の意思に反したものだ」――これがトランプ陣営による考えかたである。

だから、トランプは自分に不利なニュースが流されると、ふた言目には「このニュースは全部フェイクだ」と興奮して叫び、抵抗している。ところが、アメリカに住む私に言わせると、トランプは大統領就任以来、ひとつとして成果らしい成果をあげていない。先の大統領選でトランプに投票した人は6300万人ほどいた。その人たちが何を期待していたのかを考えると、いまのところトランプは支持者に対する約束をほとんど何も果たしていない。

民主党支持のワーキングクラス（労働者階級）の白人は圧倒的にトランプに投票した。それは仕事を増やしてくれる、あるいは医療問題でオバマケアよりも良いヘルスケアの体制をつくる、というトランプの選挙公約に共感したためであった。

ところが、肝心の新たなヘルスケアはほとんど進捗していない。

2017年5月、下院がアメリカン・ヘルスケア・アクト（AHCA）という名前のオバマケアの代替法案を4票差で通した。これは滅茶苦茶なウォータード・ダウン・バージョン（オバマケアを水で薄めたバージョン）と酷評されるものだ。

だが、その代替法案をなかなか上院で審議、議決できないでいる。上院がトランプに対するインテリジェンス（情報）・コミティーの査問で忙殺され、なかなかヘルスケア問題には手が回らないからである。

情報機関の長に対する査問で大幅に狂った議会スケジュール

いまアメリカ上院のインテリジェンス・コミティーで何が行われているのかを知る日本人は少ないと思われるので、少し説明しよう。

まず、アメリカには情報機関が17もある。ＣＩＡ（中央情報局）、ＦＢＩ（連邦捜査局）、ＮＳＡ（国家安全保障局）、陸軍・空軍・海軍・海兵隊などはみなそれぞれの情報機関を持っており、議会はそのすべての長官を呼んで査問しているのだ。

それら長官に対して、「トランプとどういう会話をしたのだ？」という査問を盛んに上院の議員が行っているのだけれど、現役の長官たちは、一切何も語らない。

「上院議員、それをここでお話しするのは適当ではありません」

彼らは決して「トランプが何を言った」のかも、「言わなかった」のかも明らかにしない。ロシア問題への関与についても、あるいは司法妨害を行ったのかどうかについても、一切何も言わない。

だが、これはある意味当然の対応でもある。現役の長官だから口を閉ざすわけで、下手に喋《しゃべ》ってしまえば、さまざまな問題が発生する可能性があるからにほかならない。

日本でもそうだが、特にそうした公聴会のようなものは、議員のパフォーマンスの場となることが多い。そんな公開の席上で、国家機密に関する類の発言をするはずがない。

だから、査問に対して、必ず、「適当ではありません」という言いかたで返してくる。すると、議員が烈火のごとく怒って、「そうは言っても何かあるだろう」と切り返すのだが、すべて空振りになってしまう。

これはあくまでも〝任意〟での出頭だから、もともとそれに期待するほうが馬鹿げている。

情報機関のトップに対する査問の話に戻ると、前述した通り、彼らは公開の場では絶対に何も語らない。彼らの態度を見るにつけ、クローズドサーキットというか、メディアには一切公開しない議員たちだけとなら話してもいい用意はある、それを示しているのだろうと思う。

当然、次なる段階が用意されている。それは犯罪捜査で、上院のコミティーが行うものだ。犯罪捜査となると、今度は召喚令状が出される。召喚された者は真実の証言をしないと偽証罪で逮捕される。次にはそういう形をとるわけである。

国家が強制力を持って喋らせる召喚の席では、上院の公聴会のような「それは適当ではありません」という台詞は通用しない。

以上のように、上院が情報機関のトップに対する査問を延々と行っているために、税制改革、あるいは前述したオバマケアの代替案といった重要議題に対する審議、採決がひどく遅れてしまっている。

トランプ政権の現状とは、とにかく議会運営が滞ってしまっていることに尽きる。何も決められないのである。議会との折り合いが悪く、かつホワイトハウスには議会の専門家がほとんどいない。

議会についてある程度わかっているのは、ペンス副大統領ぐらいではないか。あとはみな素人だから、議会をどう動かすかについてのノウハウを備えていない。ホワイトハウス側が議会に混乱と分断をもたらしているのは明白である。

知っての通り、大統領の権限は大きいと言えば大きいし、小さいと言えば小さい。建前でなく三権分立を尊重するから、日本みたいに「安倍首相がこう言ったら、裁判所まで従ってしまう」ようにはなかなかならない。

もちろん情報機関の長たちも、トランプがこう言ったからといって、みんな「はい、そうですか」とは従わない。

一方、ディープ・ステイトはメディアを使って、トランプを激しく批判する。

トランプが行ってきた数々の公約違反とルール違反

外交と軍事については、トランプ大統領はノー・アイデアだから、担当トップに丸投げしているのが現状である。

特にマティス国防長官は非常に有能な人物で、さしものトランプも彼に対する差し出がましい発言は聞こえてこない。

トランプは「NATO（北大西洋条約機構）など不要」と選挙のときは主張していたけれども、結局、NATOの会議にも出てきた。たしかに嫌味はたっぷりと述べたものの、「NATOを解体しろ」との発言は一言もなかった。だが、これは厳密に言えば公約違反である。

怖いのは北朝鮮についてだろう。ヨーロッパにはウクライナ問題が横たわっているが、いまは北朝鮮問題のほうが切迫さを増しているからだ。

先般、あるアメリカ人に話を聞いたら、「俺は怖い」と言っていた。2017年4月6日、トランプがロシア疑惑で防戦一方だったときに、米軍にシリア空爆を命じた。するとガタ落ちだったトランプの支持率が一気に上がった。たしかあのとき、クルーズミサイルを59発打って、シリアの軍事基地を壊滅しているのだが、それと同じようなことが北朝鮮で起こる可能性があるのではないかと、そのアメリカ人は非常に懸念していた。ホワイトハウス主導のトランプ政治があまりにも人気がないので、人気挽回のためシリアの二の舞いを北朝鮮で演じる、というわけである。

アメリカの自由貿易に対して懐疑的な視線を送っている人たちもトランプに票を投じた。それでトランプは２０１７年1月、「環太平洋連携協定（ＴＰＰ）から永久に離脱する」とする大統領令に署名した。

その一方、メキシコやカナダといったＮＡＦＴＡ（北米自由貿易協定）の国々との自由貿易協定を見直しする、あるいは廃止すると公約したにもかかわらず、これがまったく進んでいない。どう見ても、見直しも廃止もできそうになく、これもまた公約違反である。

宗教的保守派の人たちも選挙でトランプを支持したが、この人たちにとっての唯一の朗報は彼らが支持するニール・ゴーサッチを連邦最高裁判事に就かせたことであった。

これもルールを変更して漕《こ》ぎつけたのであった。この件については後に詳述する。

ところで、トランプ支持の宗教的保守派とは、世界的な流れとなっているＬＧＢＴ（性的少数派の略）容認を面白くないと考えている連中である。昔のように、「ゲイやレスビアンなど絶対に認めるものか」などという意見は、いまはとてもではないが通用しない。

先にふれた通りトランプは、世界の環境問題に対する潮流から生まれたパリ協定（気候変動抑制に関する多国間の国際的な協定）から離脱すると宣言している。しかしながら、パリ協定は２０１６年11月に発効しているため、アメリカは協定第28条により、いまから２年後の２０１９年11月まで協定脱退を他の締約国に通告できない。協定離脱が有効となるのも、通告から１年後と定められているため、アメリカの離脱が実現するのは早くて２０２０年11月ということになる。要は、人類の叡智《えいち》でもってようやく１９０数カ国が一致した協定を、トランプはひとりでひっくり返してしまおうとしているわけである。

世界の滔々《とうとう》たる流れをせき止めようとするトランプは、「あなたは地球温暖化についてどう思いますか？」と聞かれても絶対に答えようとしない。さすがに地球温暖化を否定するわけにはいかないからだが、「このアコード（協定）はアメリカ経済にとって不利なので、そのやり直しを求めるのだ」と返してくる。

本音のところは「いまさら大きな流れは変えられないだろう」と思っているのだろうが、アメリカ経済のために何かしらの条件を要求することはあり得るだろう。

そもそも１９０数カ国の意見を一致させるのは国際外交上ほとんど不可能なのだが、それができたことは本当に人類の叡智が結実したわけで、それを再びゼロからやり直すのはきわめて難しい。

トランプについて一言でまとめるならば、世界にはこういう人が本当にいるのかと考えさせられるほど、きわめて不思議な人が大統領になってしまったということなのだろう。

ほとんど無意味なポピュリズム的雇用政策

ポピュリズムをいかんなく発揮するトランプが、もっとも饒舌《じょうぜつ》になる分野が「雇用」である。

現在、アメリカの労働市場では1億4500万人が雇用されている。この巨大市場のなかから、毎月150万人ほどが本人の望まざる事情で仕事を失っている。

もちろん新しく立ち上がる企業もあるので、全部が職を失うわけではなく、新しく職を見つける人も多数いる。しかし150万人が毎月職を失うということは、ほぼ営業日ベースで毎日7万5000人が職を失っていることになる。

2016年末、ポピュリストのトランプは、米空調機器大手キヤリア社がメキシコに工場を移転することに介入して、850人の雇用を守った。それをメディアに大々的にPRさせ、さも大事なことを成し遂げたように見せかけた。

毎日7万5000人が仕事を失う巨大経済のなかで800人を救うことが如何《いか》ほどの意味が

あるのかといえば、ほとんど無意味である。

つまりトランプ大統領は、そうした見せかけの政策ではなく、如何に毎日仕事を失う人の福祉援助《ウェルフェア》が守られているかという大きなところに政策の意義を見出すべきである。

メディアもメディアである。膨大なアメリカ経済の営みと関係のない800人の雇用を書きたてることにより、国民の目を大事なポイントからそらし、ひたすらポピュリスト・トランプが何か重要なことを成し遂げたかの幻想を撒き散らしている。

もう少し巨視的視点でニュースを扱ってほしいものだ。それにしても、このトランプという男のマイクロマネジメント（部下の業務を逐一監視したり、小さなことまで干渉したりすること）ぶりは際立っている。

この男に19兆ドルアメリカ経済のマネジメントは無理である

そもそもポピュリズムには、決まったセットの経済政策が存在するわけではなく、支持者を喜ばせるための場当たり的な行動に走りがちである。

トランプによるメキシコへの米企業の工場移転を妨害する措置などはその典型であろう。

マクロ経済の流れと関係のないところで、矮小《わいしょう》な政策を演じて得々としているところは、まさに場当たりそのものである。

今世紀に入り、アメリカの製造業雇用者数は1700万人から1200万人へと500万人も減少している。

しかし同じ期間で、アメリカの製造業生産指数は70から130に倍増しているのだ。

これはトランプがアジアやメキシコに怒りの矛先《ほこさき》を向けることが間違っていることを証明している。

いま製造業が要求する労働力は低学歴ではなく、高学歴の労働力である。

IT技術のアプリケーションが、経済のあらゆる局面に広がりつつある現状を無視して、無理やり国外への工場移転を阻止しても、マクロ的にはほとんど意味がない。

低学歴労働者の苦難は今後も続き、米国経済のデフレ傾向は継続するからだ。

19兆ドルのアメリカ経済を、トランプは自分のちっぽけな会社経営の感覚で経営《マネージ》しようとしている。

さらに何事もすぐ白黒をつけようとすることはビジネスの世界ではまだ許されるかもしれないが、限りなく灰色の世界の外交、軍事の世界には徹底的に向かない。

このエゴの塊のような人間が、どう19兆ドルにおよぶアメリカ経済を舵取りするのだろうか。

第3章

アベノミクスという誤謬

デフレ円高を大規模介入で捻じ曲げた日銀

デフレを怖れた中央銀行が大規模介入したのはアメリカも日本も同じだが、株式市場において、今後の日本株はアメリカ株よりもさらに悪い状況に陥る可能性が高いと言わざるをえない。日銀が世界の中央銀行のどこもやったことのない株式市場への〝介入〟を行い、数字を大きく歪めてしまったからである。

周知の通り、日銀はこの4年間景気回復のために400兆円の国債等を購入するという巨額の介入を行ってきた。しかしながら、満足な成果は出ていない。今後も国債購入を続けるとアナウンスする一方、2016年、イールドカーブ・コントロールという金利政策にも着手しているが、問題は大規模な金融緩和を行った後の出口政策がまったく示されていないことであろう。

まず日銀により為替が歪められた。日本はアメリカの抗議を怖れて、為替介入はもう何年も行っていないが、400兆円もの日本国債を購入、カネを国内にばら撒くことにより、円安に誘導した。直接為替にはさわっていないとはいえ、これは実質的な円安介入といえる。

本来はデフレで円高の日本の経済を物理力で捻じ曲げたわけである。

２０１５年は１９７３万人、16年は２４０３万人と来日外国人観光客数はうなぎ登りの状況にある。なぜ外国人観光客が日本に押し寄せてくるようになったのか。

明らかに為替のせいである。日本に来たら、外国人は円安の恩恵を受け、何でもべらぼうに安く感じるはずだ。

外国人は日本に来て一様にびっくりする。たとえば、東京都心で美味しいラーメンを食べても８００円程度で済んでしまうからだ。

いまニューヨークでラーメン屋が大流行りなのだが、日本と比べるといかにも高くつく。まず値段自体が14〜16ドルと日本の2倍。それに8％の付加価値税がかかって、おまけにチップが必要である。しめて21〜23ドル。1ドル１１０円換算で２２００〜２５００円になる。

そういう意味で、日本は滅茶苦茶に円安なのである。日本のラーメンがドルで８００円に見合うためには、今度はべらぼうな円高にならなくてはいけない。

したがって、いま日本がこれ以上円安になると主張する人は、生活実感にきわめて乏しいと言わざるをえない。

インバウンドの急増の原因は、本来あるべき為替水準を、アベノミクスを支援するために日銀が凄まじく歪めてしまったからで、許しがたいことである。

中央銀行の株直接購入という異常事態

さらに許しがたいのは、日銀自身が直接、株を買っていることである。次の表を見れば、日銀がいかに出鱈目《でたらめ》を行っているかが一目瞭然《いちもくりょうぜん》であろう。

	銘柄名	業種	保有割合
1位	アドバンテスト	半導体検査装置	17・6％
2位	ファーストリテイリング	アパレル	15・8％
3位	太陽誘電	電子部品	15・0％
4位	ＴＤＫ	電子部品	14・3％
5位	ユニー・ファミマＨＤ	小売り	14・2％
6位	東邦亜鉛	非鉄金属	13・7％
7位	トレンドマイクロ	ＩＴセキュリティ	12・9％
8位	コムシスＨＤ	ＩＴ設備	12・7％

9位　コナミHD　ゲーム　12・5％
10位　日産化学工業　肥料　12・3％
66位　ソフトバンク　通信・インフラ　6・1％

（2017年8月末時点　ダイヤモンドオンライン等資料を参考にまとめた）

これらは日銀がETF（投資信託）やGPIF（年金積立金管理運用独立行政法人）を通して株主となった企業で、すでに上位22社が保有率10％超となっている。

中央銀行が直接株を買っている国は世界中探しても日本以外にはどこにもない。日銀が実質的に上場企業の大株主になっている。傍から見れば、これらの企業は中国ばりの国有企業と見られても仕方がない。

日銀は禁忌《タブー》を犯してしまったのだ。これは日本の株価など世界の誰も信用しなくなる日が迫っていることを意味する。この異常事態に対して、真っ向から追及しない野党、メディアはまったくどうかしている。

一党独裁の共産主義国の中国は当然ながら株式市場にも大きく介入していることから、世界の資本主義国家からまともな市場と評価されていないのはよく知られるところだ。同じく日銀が行っている株の直接買い上げは、世界から理解されない、市場を歪める行為にほかならない。

そんな国の株価が指標として、世界に〝通用〟するだろうか。

しかも、その株価の形成に大きな影響を及ぼしている為替相場自体が、日銀による400兆円規模の介入によって大幅に円安に歪められている。こんな状況で何を信用しろというのか。

なぜ日本は人手不足に陥っているのか?

日本政府は景気が回復してきたと、しきりにアナウンスする。安倍晋三首相などは先の選挙演説でそのことを幾度となく強調していた。

とんでもない話である。

人手不足であるともアナウンスする。それは当たり前のことで、日本では〝潰れるべき〟ゾンビ企業が潰れていないからだ。ゾンビ企業が細々と生き残っており、そこへ仕方なく勤めている人間がいっぱいいる。だから、本当に経済成長の牽引車たる有望企業に労働資源が回っていかない。これが人手不足現象の真相である。

覚えているだろうか。リーマン・ショック後、中小企業向け融資の返済猶予を促す「中小企業者等金融円滑化臨時措置法」を成立させた。いわゆるモラトリアム法と呼ばれた時限立法で、音頭をとったのは当時の亀井静香金融担当相。

リーマン不況にあえぐ中小企業が銀行に対し、貸付条件の変更などを求められるようにしたものだった。それでも倒産した場合は銀行に対する債務の4割を国が補填するという大盤振舞いであった。実際、このモラトリアム法は2013年まで続き、政府は100兆円以上を費やした。

こういうバラマキをやったおかげで、本来、潰れるべき企業が潰れなかったわけである。さらにデフレ下の超低金利がゾンビ企業を結果的に支えた。

このようにゾンビ企業が生き残っていることが、いまの偽インフレ状況の背景にあることをわれわれは認識すべきであろう。

だから、本来日本には仕事にありつけないフリーな労働力が大量にいるはずなのに、ゾンビ企業が退場しないために、本当に経済成長を担うような企業の仕事に就けていない。そんな事情が横たわっている。これでは景気は良くなるはずがない。

言いかたを変えてみよう。

現在の日本の人手不足はまったく整合性がとれていないところに問題がある。多くの労働者は辛うじて収益が上がるような企業で働いている。これでは彼らの給料は上がるわけがない。

一方で日本には時流に乗った、仕事が多くて景気の良い企業も多く存在する。日本経済全体が成長するためには、ゾンビ企業がきちんと倒産して、クビになった労働力がそっくり景気の良い企業に移動する。これが本来あるべき姿なのに、それができていない。

ドイツ学派ではないが、シュンペーター的な「創造的破壊」がまったく行われなかったのが、これまでの日本ということになろう。その意味においては、国有企業を異常に守りたがる中国と酷似しているような気がするのは私だけだろうか。


人手不足問題について付け加えたいことがある。

このところ新卒の就職率がとても高くなっており、完全に売り手市場の格好になっている。それ自体は非常に喜ばしいことだと思う。

景気の良い企業が新卒獲得に血眼になっているから、新卒の連中は望み通りかは別にして、そこそこの企業で働くことになるのだろう。それはそれで良い。

問題はろくな賃上げもなく、辛うじて倒産しない、ほとんど水面下の企業に雇用されている人たち。あるいは個人で店を経営している人たちだ。

彼らはいまのままでは決して浮上できない。本当なら彼らはその仕事を辞めて、労働市場にリリースされるべきである。そうすれば、現在の人手不足はなくなり、潜在成長率は上がらないまでも、それなりの景気回復は実現できるはずだ。

報道機関を牛耳る安倍ファッショ体制

以下は何のランキングかおわかりいただけるだろうか。

少しだけ考えていただきたい。対象は180カ国。2017年4月に発表された最新ランキングである。紙幅の関係があるので、第6位から第15位までなどは割愛した。

（カッコ内は前年順位）

第1位　ノルウェー（3）
第2位　スウェーデン（8）
第3位　フィンランド（1）
第4位　デンマーク（4）
第5位　オランダ（2）
第16位　ドイツ（16）
第22位　カナダ（18）
第39位　フランス（45）

第40位　イギリス（38）
第43位　アメリカ（41）
第52位　イタリア（77）
第72位　日本（72）
第148位　ロシア（148）
第176位　中国（176）
第177位　シリア（177）
第178位　トルクメニスタン（178）
第179位　エリトリア（180）
第180位　北朝鮮（179）

正解はパリに本部を置く国際的なジャーナリスト団体「国境なき記者団」が2002年から毎年発表している「世界報道自由度ランキング」である。検閲《けんえつ》状況、法的枠組み、透明性、インフラなどを俎上《そじょう》に載せ、詳細に点数化して順位をつけている。

ベスト5は北欧勢が独占した。ワースト5はさもありなんと思われた人が多いのではないか。

たとえば中国ではフェイスブックやツイッターに似たウェブサービスが運営されているものの、

それはすべて中国独自で、中国から外国のネット情報にはアクセスできない。当然ながら、海外からの書籍類は根こそぎチェックされる。

それにしても、意外と日本の順位が低い。G7のなかで最下位に甘んじている。もともと国境なき記者団の日本に対する採点は辛目であった。

日本の報道自由度ランキング推移

2002年	26位	小泉純一郎内閣
2003年	44位	同上
2004年	42位	同上
2005年	37位	同上
2006年	51位	同上
2007年	37位	安倍晋三内閣（第1次）
2008年	29位	福田康夫内閣
2009年	17位	麻生太郎内閣
2010年	11位	鳩山由紀夫内閣
2011年	（発表なし）	菅直人内閣
2012年	22位	野田佳彦内閣
2013年	53位	安倍内閣（第2次）
2014年	59位	同上
2015年	61位	同上
2016年	72位	同上
2017年	72位	同上

その理由のひとつに、他の民主主義国から奇異の目で見られる記者クラブの存在がある。大手メディアで組織化されたメンバーシップ制クラブと言っても過言ではなく、その排他性から情報カルテルとも揶揄されている。

そして、上記の日本のランキングの推移を見ていただきたい。

かつては日本もベスト10入り寸前までできたこともあったのだ。そこからつるべ落としのように順位を落としてしまっている。

国境なき記者団は福島第一原発事故に関連した報道規制、特定秘密保護法の成立などをあげ、日本政府の情報開示の不透明さを厳しく指摘するが、現実はますます悪い方向へと向かっている。

第2次安倍内閣成立以降、日本のメディアは完全に政府に牛耳《ぎゅうじ》られてしまった感が強い。２０１７年7月には「改正組織犯罪処罰法」、いわゆる共謀罪が成立、施行となったことから、今後の日本の順位は目も当てられないところまで下落しているかもしれない。

アメリカではトランプ大統領とメディアの強烈な相克《そうこく》が続いているのに対し、日本においては安倍政権の圧力に完全に屈してしまったかのように見える。これまでテレビのニュースキャスターやベテラン新聞記者などさまざまな人が見せしめにされたため、メディア界はいまでは政権から圧力をかけられる前に政権の意向を〝忖度《そんたく》〟する、物言えば唇寒しの状況に陥っているようだ。

森友、加計問題で支持率を大幅に落として、その後は少し神妙に振る舞っている安倍首相であるが、数の論理で議論を避け、反対意見を封じる政治手法は変わることはないであろう。

ひとこと言っておきたいのは、欧米のテレビで自衛隊のＣＭが流されていることだ。ＣＭの最後に安倍首相が登場し、「日本は世界に貢献していく」で締めくくるのだが、どこかの独裁国家ならそれもありだろうが、ちょっと異様である。自衛隊は海外では軍隊に見られている。海外で自衛隊の活動がテレビCMとして流されているのを、日本国民の何%が知っているのだろうか。

2016年の参議院選挙で安倍首相は、「アベノミクスは道半ば」と主張して、与党は大勝利を収めた。けれども、道半ばだと自ら言うのは、成功していないことを認めているに等《ひと》しかった。

先にふれたように、大半のメディアが政権からの圧力を恐れて、忖度と自主規制に邁進《まいしん》するなか、アベノミクスは失敗だったと、正面切ってなかなか報じるメディアは本当に少なかった。そして、先の衆議院選挙で安倍自民党がまたしても大勝を収めたことから、今後もメディアの忖度と自主規制が続くのは決定的である。

異次元緩和と増税という明らかな矛盾

私のアベノミクスに対する評価は後述するとして、第2次安倍政権がスタートした2013年、自ら得意げに「アベノミクス」を連発する姿にはさすがに違和感を覚えざるをえなかった。あのレーガンは果たしてしたり顔で、おのれの経済政策を「レーガノミクス」と言っただろうか。鉄の女と評されたサッチャーは羞恥《しゅうち》のかけらもなく、「サッチャリズム」と自身の経済政策を呼んだのだろうかと思うからである。

このところの中国では李克強《りこくきょう》首相の経済政策「リコノミクス」が廃《すた》れて、習近平《しゅうきんぺい》国家主席が提唱する「シーコノミクス」にとって代わられようとしているが、ここは独裁国家なのでちょっと事情が異なる。

ちなみに安倍首相は、2013年9月にニューヨーク証券取引所での講演で、「Buy my Abenomics（アベノミクスは『買い』だ）」と自らを称揚《しょうよう》した。

安倍首相は完全に驕《おご》っていた。相場の世界もそうだけれど、世の中、謙虚でない人間は必ず罰せられてきた。これが神意であり、世の中はそういうふうにできているのではないか。

たとえばドナルド・トランプ大統領が不動産王となってふんぞり返っていたときに、『アート・オブ・ディール』（邦題『トランプ自伝～不動産王にビジネスを学ぶ』）という本を書いて、いかに自分は天才的に商売《ディール》がうまいかと誇示したとたん、彼が経営する会社は破綻した。だから、世の中の基本はやはり驕ってはいけない、感謝することに尽きるのだと思う。

振り返ってみれば、第2次安倍政権が行ってきた経済政策は疑問符だらけであった。

2013年4月4日、日銀は異次元緩和を実施した。正式には量的・質的金融緩和（QQE）

と称する。これはFRBがやったから日銀も、と黒田東彦総裁が踏み切った周回遅れの〝真似っこ政策〟であった。戦力の逐次投入はしないとの意気込みで、一気に大量の資産買いを実行して、2％の物価上昇を目指すというものであった。

そして2014年4月1日、安倍政権は消費税を従来の5％から8％に引き上げた。安倍首相は景気後退を懸念するインタビューに答えて、「影響は限定的である」としたり顔で答えていた。

日銀がしゃかりきになって異次元の金融緩和を行っているその最中に、消費税を上げるということはどういうことなのか。これは財政と金融が〝股裂き〟になっているわけである。言葉を換えれば、アクセルとブレーキを同時に踏んでいる状況とでも言おうか。

まともな経済学者やエコノミストなら、こう考えるはずである。

経済成長が止まり減速期が長引いてくると、需給ギャップが拡大してきて、デフレ経済を招いてしまう。そこで政府としては需給ギャップを縮める必要が出てくる。どうするのかといえば、需要を増加させるか、供給を減少させるか、そのどちらかだ。

需給ギャップを解消するために需要を増加させたいなら、減税を行うべきなのである。

円安・株高とはまったく無関係だったアベノミクス

私に言わせれば、相場は人為ではなく〝神意〟なのだから、アベノミクスなどやってもやらなくてもよかった。むしろやらなければ、あんなに国債を大量に買うことはなかったのだから、やるべきではなかったと思っている。つまり、黒田総裁の行為はまったく〝無駄〟であった。

講演や過去の著書のなかで、私は次のように説明してきた。

たしかに異次元の金融緩和を行った後は、安倍政権、黒田日銀の思惑どおりに相場が動いた。円相場は80円から125円の円安、日経平均は8000円から2万1000円近辺までの株高を演出した。

ところが、この円安・株高とアベノミクスはまったく無関係であった。アベノミクスに関係なく、円が暴落し、株が暴騰するタイミングにあっただけの話で、アベノミクスが役に立ったわけでも、邪魔したわけでもなく、ひたすら無関係だったのだ。

経済の低迷から脱するのにもっとも重視すべきは、時間の経過にほかならない。なぜなら、経済も相場も時間の関数だから、時間の経過に〝委ねる〟しかないのである。

私はまだ第2次安倍政権が誕生する前から、時間が十分経過すればバーティカル（垂直的な）

上昇の端緒《たんしょ》が出てくると予測し、その通りの展開が訪れた。

要は、2012年末以降は円が暴落し、株価が暴騰する時間帯に入ったのである。アベノミクスや黒田日銀といった人為ではなく、神意あるいは宇宙のルールでそうなっただけなのである。

けれども、良いことばかりは続かない。宇宙のルールで、2015年の半ばに円は125円86銭（の戻り天井）をつけ、日経平均は2万952円のインテリム・トップ（中間天井）をつけてしまった。

もともとアベノミクスなどというもので円安や株高になったわけではなく、自然のリズムでそうなっただけであった。

したがって、その後は当然のことながら大幅な株安・円高の流れに入った。2016年1月29日、日銀は政策決定会合でマイナス金利を準備預金に導入することを決定した。年初来の株安・円高のトレンドに何とか歯止めをかけようと、意表を突いた政策の導入であった。

神意で大幅な株安・円高のトレンドに突入したのに、それを人為そのものであるマイナス金利などで止めようというのは、まったく見当違いな政策である。つまり、政策では何をやっても止まらないのである。

2017年10月に日経平均は高値を更新、11月に2万3000円を見ているが、デフレの象徴である為替相場は111～112円台で125円の円安に比べれば相当デフレ色が強い。

2015年6月の125円で為替相場は反デフレのピークを見た。それから29カ月後の2017年11月の株式相場もピークを見た。これからは為替相場、株式相場が手をたずさえて、デフレに復帰する。すなわち円安、株安のタンデム（相乗り）の再開である。

日銀は余計なことをしなくてよい

われわれは、過去、日銀が何をしてきたのかを振り返る必要がある。

第1次世界大戦中から、日本では投機バブルが発生した。あらゆるバブルがもれなく崩壊したように、この投機バブルも短期のうちに崩壊の憂《う》き目をみた。それに伴い大量の不良債権が発生したが、その処理はのちの90年代同様、〝先送り〟され続け、金融界では追い貸しと粉飾会計が横行した。

そこに追い打ちをかけたのが1923（大正12）年に発生した関東大震災であった。同震災の処理のため、大量の震災手形が発行された。しかしそれらは銀行や企業によって不良債権の隠ぺいに悪用され、不良債権問題はさらに悪化の一途をたどっていった。

先送りが続くなか、深刻さを増していったのがデフレという病であった。そして、ついに

1927年、先送りが限界に達し、金融恐慌が起こった。恐慌に伴い、財界の腐敗が人々の前に露呈し、そこで巻き起こったのが構造改革への機運であった。

それを受けて1929年、金解禁（金本位制への復帰）を掲げる浜口雄幸《おさち》内閣が誕生した。このときに蔵相を務めたのが井上準之助。過去2度にわたり日銀総裁を務めたセントラルバンカーである。

その井上は、金解禁のために、歴史に残る「愚策」の数々を打った。デフレ下にもかかわらず、意図的なデフレ政策を採用したのだ。そもそも1920年代末の世界大恐慌下で金解禁を断行すること自体が愚策だったが、さらに井上は「赤字財政健全化」「行財政整理（改革）」を大義名分に、軍縮と公務員の俸給削減を徹底した。結果的に1930年、日本経済を厳しいデフレ・スパイラルに導いてしまった。これが昭和恐慌である。

事態を収拾したのは、井上の後を継いで蔵相に就任した高橋是清《これきよ》という天才的な政治家であった。高橋は日本を金本位制から再離脱させ、円安と拡張型の財政金融政策をとった。いわゆるリフレ政策である。このリフレ政策により、日本経済は急回復していった。

井上準之助の例を引いて、何を言いたいのかというと、日銀というのはそうした素晴らしい伝統を持った中央銀行《セントラルバンク》であるということである。もちろん、皮肉だが――。

その伝統は、今日の日銀にも脈々と受け継がれている。

日銀とFRBの違い

デフレ時代に日銀が打ち出した逆向きの金利政策はことごとく失敗してきた。たとえば、ゼロ金利政策解除から復活の顛末を思い出していただきたい。

1999年末からアメリカのITバブルが波及したことで、日本の景気にも急速な改善が見られるようになった。翌春にはITバブルは崩壊したが、日本経済にはしばし小康状態が続いたことから、2000年8月、日銀（速水優総裁）はいわゆるゼロ金利政策を解除した。

その結果、折からの世界的な同時不況と相俟《あいま》って、日本経済は再び景気の後退局面を迎えてしまった。そのため早くも翌2001年3月には再びゼロ金利政策を復活させるという、迷走と言っていい政策の変転を行った。

なぜこうなるのか？

日銀の政策目的がシングル・マンデート（一重目的）であるからだ。日本銀行法には、日銀の金融政策の理念について、こう明記してある。

「物価の安定を図ることを通じて国民経済の健全な発展に資すること」

つまり、日銀の主要な関心は物価のウォッチであり、物価を安定させることこそが彼らの使命であり、存在理由なのである。

一方、アメリカの中央銀行である連邦準備制度理事会（ＦＲＢ）はそうではない。ＦＲＢの政策目的はデュアル・マンデート（二重目的）である。

ＦＲＢの政策目的は「雇用最大化と物価の安定」で、雇用最大化と物価の安定のあいだに優劣関係はない。このため、米議会はＦＲＢが物価安定を景気や雇用よりも優先することをしばしば牽制するわけである。

したがって、ＦＲＢはインフレの恐怖のない状況下では、何が何でも景気を復元して失業率を下げようとする。たとえば、インフレ率が２％以下になったらお金を刷りまくり、マネタリーベースを劇的に増やすなどして、絶対にデフレに陥らないようにしてきた。

日銀が余計なことをしないことを、私はいつも願ってきた。

井上準之助以来、「愚策」にかけては人後に落ちない伝統を誇る日銀は、ＦＲＢのように物価の安定と持続的な成長の2つを同時に追い求めてはならないはずだ。

なのに、黒田日銀はＦＲＢの真似っこ政策を実施して、莫大なカネを使ってきた。

相場は人為ではなく〝神意〟なのだから、はっきり言えば、黒田バズーカなど愚の骨頂であった。

事実上の敗北宣言だったイールドカーブ・コントロールの導入

ＱＱＥを続けるなかで、日銀は債券市場に流通している国債を、猛烈な勢いで買い進めていった。その結果、債券市場では国債の流動性不足が懸念されることになり、また、ＥＴＦやＲＥＩＴの買い入れによって、日銀のバランスシートは株価変動次第で大きく毀損するリスクを負った。

そのため日銀の２０１７年６月末の総資産は５０２兆円に達し、とうとうＦＲＢを上回ってしまった。これは日本のＧＤＰに匹敵する規模である。

時期は前後するが、日銀は２０１６年９月の金融政策決定会合において、それまでマイナス０・３％程度だった長期金利をゼロ金利に戻すとともに、ゼロ金利を維持するために「イールドカーブ・コントロール」を導入すると発表した。

プライドの高い日銀は認めようとはしないだろうが、この措置は日銀の敗戦に伴ったものにほかならない。「量的・質的金融緩和がうまく機能しなかったので、これからは金利を重視する」と方向転換を宣言したわけである。

かつてのＦＲＢの手法を真似て、黒田日銀総裁は量的・質的金融緩和の導入を行い、加えて、

イールドカーブ・コントロールのイメージ

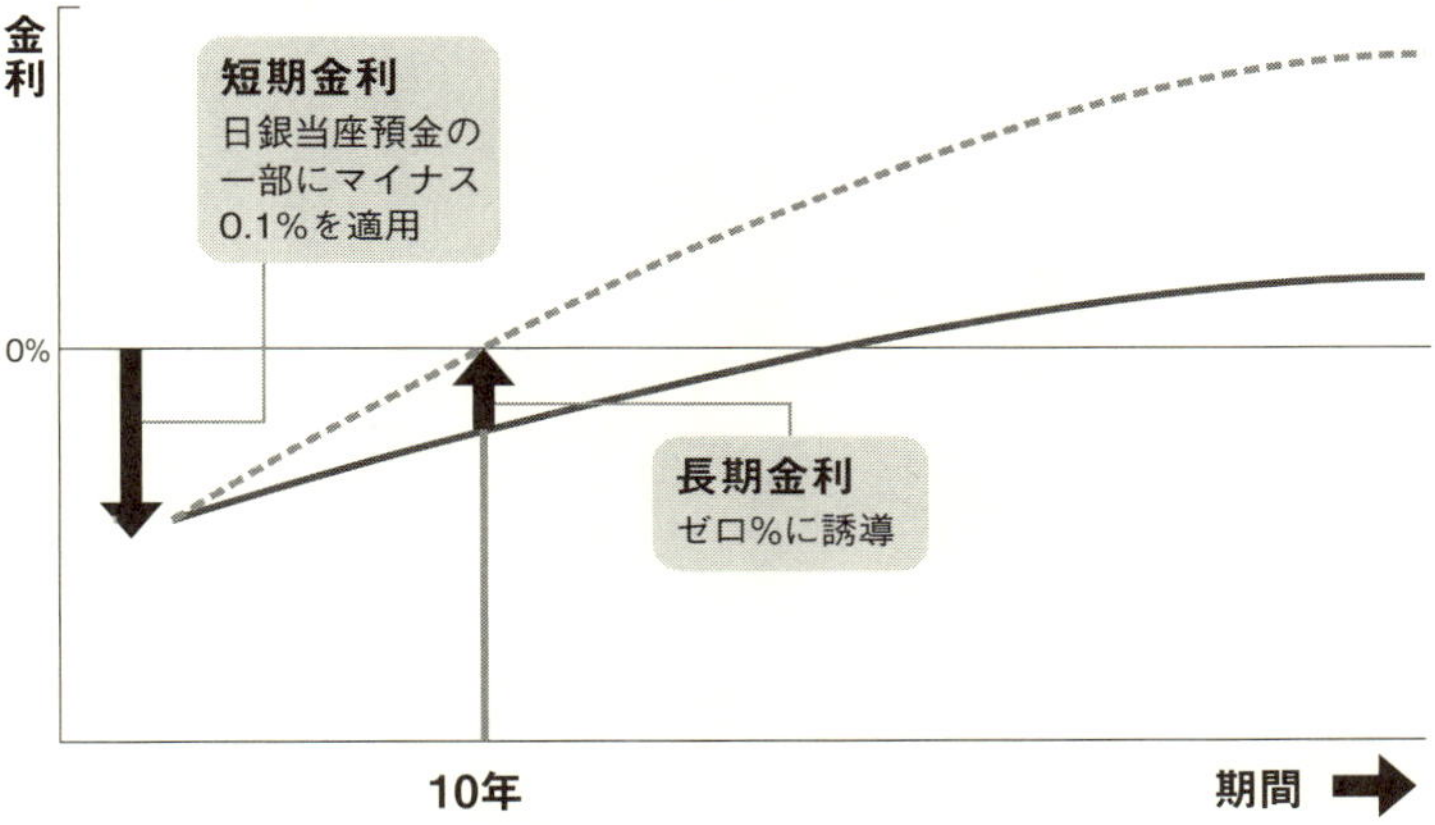

出所：2016年9月22日付日本経済新聞

国債やETF、REITの買い入れ額を増額、GPIF（年金積立金管理運用独立行政法人）のポートフォリオを変えて日本株を爆買いしたが、そこまでしてもデフレ改善は思わしくなかった。

厚労省所管の世界最大の年金基金GPIFによる株式運用は内外の批判を浴びた。なぜならアメリカの社会保障信託基金でさえ、株式の運用はハイリスクという理由から、法律で禁止されているからである。結果はどうであれ、あまりにも前のめりの姿勢が危ぶまれたのだ。

神意に抗った黒田総裁の真似っこ政策は失敗に終わったが、日銀はそれを認めず、今度は「イールドカーブ・コントロール（長短金利操作）」という詭弁《きべん》を弄《ろう》してきた。

イールドカーブ・コントロールとは、長期金利のほうをゼロ%近辺にキープするというもの。

要は、長期金利が上がると困るので、長期金利の水準自体をほぼゼロ％に固定する。イールドカーブが逆転しないようにする政策なのだが、やはり効果は上がっていないと思う。

これはまあ、逃げ水のようなものだ。異次元緩和を発表、1年か1年半でインフレターゲット2％を達成してみせると大見得を切ったときに、本来であればそれが実現できなかったときのことも考えておかねばならなかった。

そこがお役人のお役人たる所以《ゆえん》であろう。

われわれマーケットの人間は、来るべきことが来ないということになったら、これは絶対に自分たちが間違っていると結論づけて、他の方策で対抗していこうとする。

黒田総裁も元は財務官僚だ。

途中で「これは誤ったな」と思ったに違いない。何年やっても駄目で、状況はまったく変わらない。本当は「ごめんなさい」をすればいいのに、面子《めんつ》があってそれができない。

それで言葉を換えて、イールドカーブ・コントロールという奇策を出してきたわけであるが、要するにこれは黒田総裁の「敗北宣言」であった。

日銀は敗北宣言を何度かしている。

先にもふれたように、速水総裁のときに金利を早く上げすぎた。2000年に日本でもITバブルが破裂して、株価が急落したときであった。

ガダルカナル島では日本軍2万3000人の死者を出した

4月に株価が天井をつけたあとの8月に日銀は金利を上げた。それで株価が暴落したのだが、金利の水準をいじると日銀の敗北になってしまうことから、日銀は世界の中央銀行で初めて「QE（量的緩和）」を実施した。

こうして、面子を潰したくない、謝れないといったきわめて〝不純〟な動機で、さまざまな政策変更がなされていくのだ。組織としての欠陥が日銀にはあると言わざるをえない。間違いがない、無謬《むびゅう》であるという官僚の信条自体が驕りたかぶりにほかならない。人間誰だって間違いを犯すものだ。本来はそこを厳しく総括して新たな政策を打つべきなのである。

日銀の捻じ曲がった態度は、ガダルカナル島の戦いで旧日本軍が敗れた際に、大本営が

「撤退」という言葉を使わずに「転進」と言ったのと同じである。黒田日銀が新たに講じたイールドカーブ・コントロールが2%の物価上昇に導けるかどうかはまったく不明である。

第4章

2022年から回復期を迎える日本経済

日本に残された究極のデフレ対応策

前著『ヘリコプターマネー』（日本実業出版社）でも記したが、ここまで追い詰められると、政府・日銀が2％という物価上昇率を達成するために残された手段はきわめて限定的になってくる。そこで、まず間違いなく効果があると思われるのが、ビル・ボナーが提唱する中央銀行の究極のデフレ対応策、「ヘリコプターマネー」である。

従来、日銀が続けてきた国債の買い入れ方法とは、新たに発行された国債を、日銀が直接買い付けるのではなく、最初に銀行が新規発行された国債を購入、その後、債券市場に売却したものを日銀が買い付けるというスタイルを採ってきた。

なぜそのような面倒な手続きを踏んで、日銀は国債を買い入れなければならないのか？ それは国（財務省）と日銀、銀行が規律を守っているように見せかけるためにほかならない。銀行が国民から集めた資金の範囲内で、国債を財務省から買い付けていることにしたいからである。そうすれば、銀行が国民の貯蓄で国債を買っているのだという図式が成り立つ。

だが、次に日銀が非常事態に陥ったとき、要はデフレ、円高、株安で追い詰められたとき、最速で景気浮揚効果を狙わなければならないのなら、従来のような面倒な芝居？　は必要ないはずだ。財務省から直接、日銀が新規発行された国債を買い入れればよいのだから――。この中央銀行による国債の直接引き受けをヘリコプターマネーと呼ぶ。

従来の日銀の国債買い入れと、あいだに銀行が介在しないヘリコプターマネーには大きな差異が存在する。銀行が国民の貯蓄で国債を購入し続けるには、限界があり、それに対してヘリコプターマネーはほぼ〝無尽蔵〟の購入が可能となるからだ。

現時点において、日本の個人金融資産は非常に潤沢とはいえ、人口の高齢化が進むにつれ、この蓄えは当然ながら目減りしていく。個人金融資産全体のうち約60％が60歳代以上に集まっていることを勘案すると、時間の経過とともに個人金融資産の減少の加速化は避けられない。

預貯金が取り崩され続けると、銀行には財務省が発行した国債を引き受けるだけの余力がなくなってしまう。財務省の国債発行による資金調達が困難になれば、財政は大ピンチとなる。

言わずもがなだが、従来スタイルの日銀の国債買い入れについても、また困難となる。それを解決するためには、日銀が直接、財務省発行の国債を買う、ヘリコプターマネーを導入すればいいわけである。

ちなみにヘリコプターマネーというネーミングは、前ＦＲＢ議長であるベン・バーナンキがＦＲＢ理事に就任した直後の２００２年に行ったスピーチに由来する。

そのスピーチの内容は、「景気がもうどうにもならなくなったときは、ヘリコプターからカネをばらまけば、景気は確実に浮揚する」というものであった。

ヘリコプターマネーを提唱したベン・バーナンキに「ヘリコプター・ベン」というあだ名も付けられたことはよく知られるところだ。

アベノミクスで歪められた為替相場が潰される

ここまで縷々《るる》述べてきたように、アベノミクスとは日銀の過剰介入がつくり出した幻想、幻影にすぎない。確たる実体が伴っていない。

日本経済の現状がかなり厳しいなか、「日本経済は世界一だ」「日本の底力は世界でも際立っている」と胸を張る愚か者がいっぱいいるのには驚かされる。

また、そういうタイトルの書籍も売れているようで、一般的な日本人は見当違いな称揚に弱いのだろう。

たとえば、書店で「世界で愛される日本人」といったタイトルの書籍を見かけたけれど、さっぱり理解できない。海外生活の長い私に言わせれば、世界で日本人は基本的に相手にされていない。これが現実である。

たしかに日本は素晴らしい国だとは思う。けれども、日本に世界に対してプレゼンス（存在感）があるかと問われれば、それはまったくない。特にアメリカでは、日本と中国の区別さえつかない人がいっぱいいる。

では、これから幻想、幻影にすぎない日本経済はどうなるのか？　間違いなく神意がその幻を潰しにかかってくる。

その第1弾は、アベノミクスで歪められた為替相場を潰しにかかることだろう。つまり、円高だ。２０１８年からアメリカ経済が崩壊の道をたどるため、必然的に円高相場が訪れる。

ドル円相場はアメリカの長期金利次第である。これからそれがどっと下がることで、円高が進行する。とりあえず、２０１８年７月あたりにまずは円高のピークを迎える。少なくとも１ドル90円には到達すると私は見ている。詳細については後述するつもりだが、為替の潮流として円高ドル安が進むのは確実だ。

円高がどの程度進むかのモノサシになるのは、アメリカ株の崩れかたである。それがどの程度なのかによる。

２０００年のＩＴバブル破裂時のナスダックのごとく、地獄に突き落とされるほどの破壊力には至らないだろうが、私としては２０１８年７月に向けて、ＮＹダウ、ナスダックともに30

%程度の暴落を予測している。

過剰レバレッジ相場が逆回転する日

アメリカ株が30%下がるのは衝撃だが、ここまで上昇したものがいったん下落し始めたら、中途半端なところではまず止まらない。

なぜか。NYダウ2万3000ドル超（2017年11月時点）の相場には途方もないレバレッジが入っている、過剰レバレッジ相場であるからだ。

相場が上昇している分にはいいのだが、下げ始めると、どこかの時点からレバレッジが猛烈な勢いで〝逆回転〟し始めてしまう。これが過剰レバレッジ・マーケットの怖しさなのだ。

過剰レバレッジがたっぷりとかけられている代表格は自社株買いである。アメリカでは借金して自社株買いに励んでいる上場企業の経営者が異常に多い。自社株買いを行い、株価が上がると、とんでもないボーナスをもらえるからである。

彼らは経営する企業のことなど毛頭考えず、自分のボーナスをどう増やすかにしか関心がない、強欲資本主義の権化のような存在である。

日本の場合、どんなに稼ぐ企業経営者にしたって、年に5億円ももらえば、みな満足している。その点、アメリカは桁が違う。自社株買いで100億円単位のボーナスを狙っており、それが別に異常でもなんでもないのがいまのアメリカなのだ。

なぜそんなにカネが要るのかと思うのだけれど、アメリカの企業経営者はみな自社株買いに御執心である。これはアメリカがとんでもないことになっている証左でもある。

ETFも過剰レバレッジの主役を担っている。相場が1ポイント上昇すると、3倍上昇するような仕組みになっている。こうした過剰レバレッジ相場の破綻は、資産市場がおかしくなってくると、どんどん加速度的に増えてくるはずである。

ところが、いまの高値状況において、アメリカの投資家や市場関係者はそれをまったく想像できない。夢想だにしない。

だが実際には、彼らが買い進んで史上最高値まできた市場そのものが、過剰レバレッジにより腐ってしまっているわけである。企業の業績が良いから株価が上がるのだと主張する連中もいるだろうが、当然ながら、レバレッジを与えるクレジットそのものには限度がある。

また、イエレンFRB議長はその蛇口を閉める方向に向かって、すでに動き始めた。FRBは金利については1%上げたが、今度はボリュームについても信用Credit《クレジット》を縮小Squeeze《スクイーズ》する方向に舵を切っている。

こうしたレバレッジを崩すしかないという状況下、87歳になったウォーレン・バフェットみたいな投資家が先述のように、ＮＹダウについて超楽観的な予測を披露している。

バフェット自体、投資家として資源バブルのいちばん良い時代を送ってきたとする自己認識を持っていないはずだ。いくら株価が上がるといっても、７７０ドルが2万ドルになる世界など滅多にない。これだけの大暴騰を見るときに、バフェットがたまたまもっともメリットを受ける立場にあった。それだけの話である。

一度、資源バブルが破裂したあと、またそこからかつてのバフェットのようにチャンスをつかむ投資家が出てくるかもしれないと考える人もいるであろう。

けれども、資源バブルはこれから当分は起こりそうもない。なにしろ40年半続いた資源バブルが3年前にようやく終わったばかりなのだ。

たしかに原油価格がすぐに持ち直すと主張する人たちがいる。そう希望している人たちのことである。

ところがそうは問屋が卸さない。40年半ひたすら上げ続けてきたものが暴落し始めている最中なのだから。これがもっと下がるという議論ならば、理解できるのだが――。２０１４年に暴落し始めたものが3年後に元に戻るわけがない。

したがって、資源価格の復活を望む人たちは、そう望むこと自体、世界経済をつくる大きな構造の〝原点〟のところを見誤っていると言わざるをえない。

これから5年は超円高へと向かう日本

先に、神意で大幅な株安・円高のトレンドに突入したのに、それを人為そのものであるマイナス金利などで止めようなど見当違いも甚《はなは》だしいと述べた。

ここ2、3年、日本経済を牽引してきたのは間違いなく輸出型企業で、特に好調なのがアジア向けの半導体製造装置や電子部品デバイス、中国向け自動車部品などである。

けれども、それは円安環境であったからこその果実であった。今後もそこそこの円安ならば、日本の景気はそう悪化することはないのだが、ここまで説明してきた通り、来年7月に向けて円高が進行することになる。その神意をチャート②（ドル円月足　2017年11月9日）が〝代弁〟しているわけである。

円高トレンドに入っていけば、当然ながら、デフレ状況が強まってくる。本来ならば旺盛な消費が景気を引っ張らなければならないのに、何とも力強さに欠ける。

なぜこんなことになってしまったのか。すべては2014年4月に消費税を8％に上げたことに収斂する。内需が精彩に欠けるので、外需（輸出）に頼るしかない。だからこそ円安でな

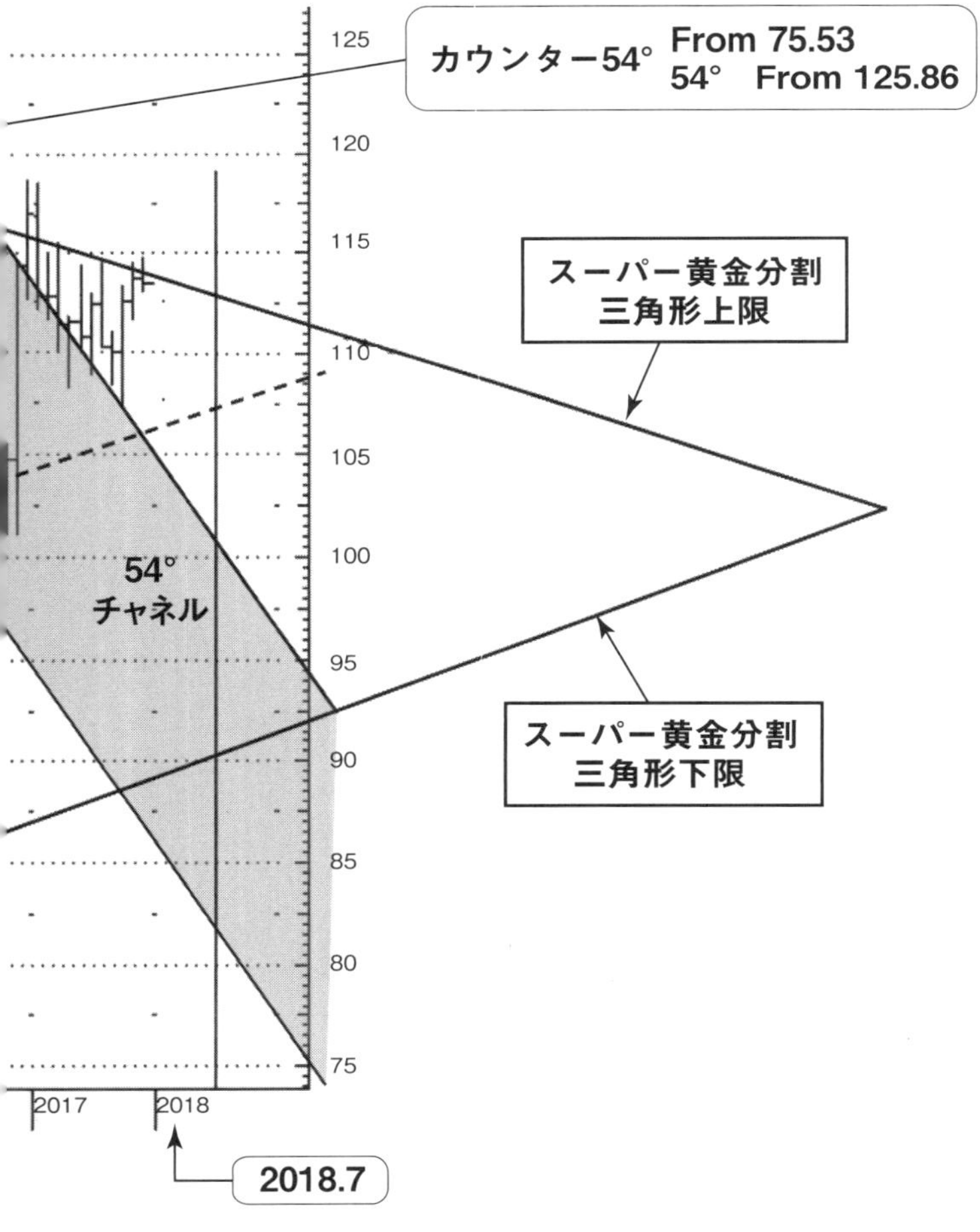
カウンター54° From 75.53
54° From 125.86
125
120
115
110
105
100
95
90
85
80
75
スーパー黄金分割
三角形上限
54°
チャネル
スーパー黄金分割
三角形下限
2017
2018
2018.7

チャート②　ドル円月足（2017年11月9日）

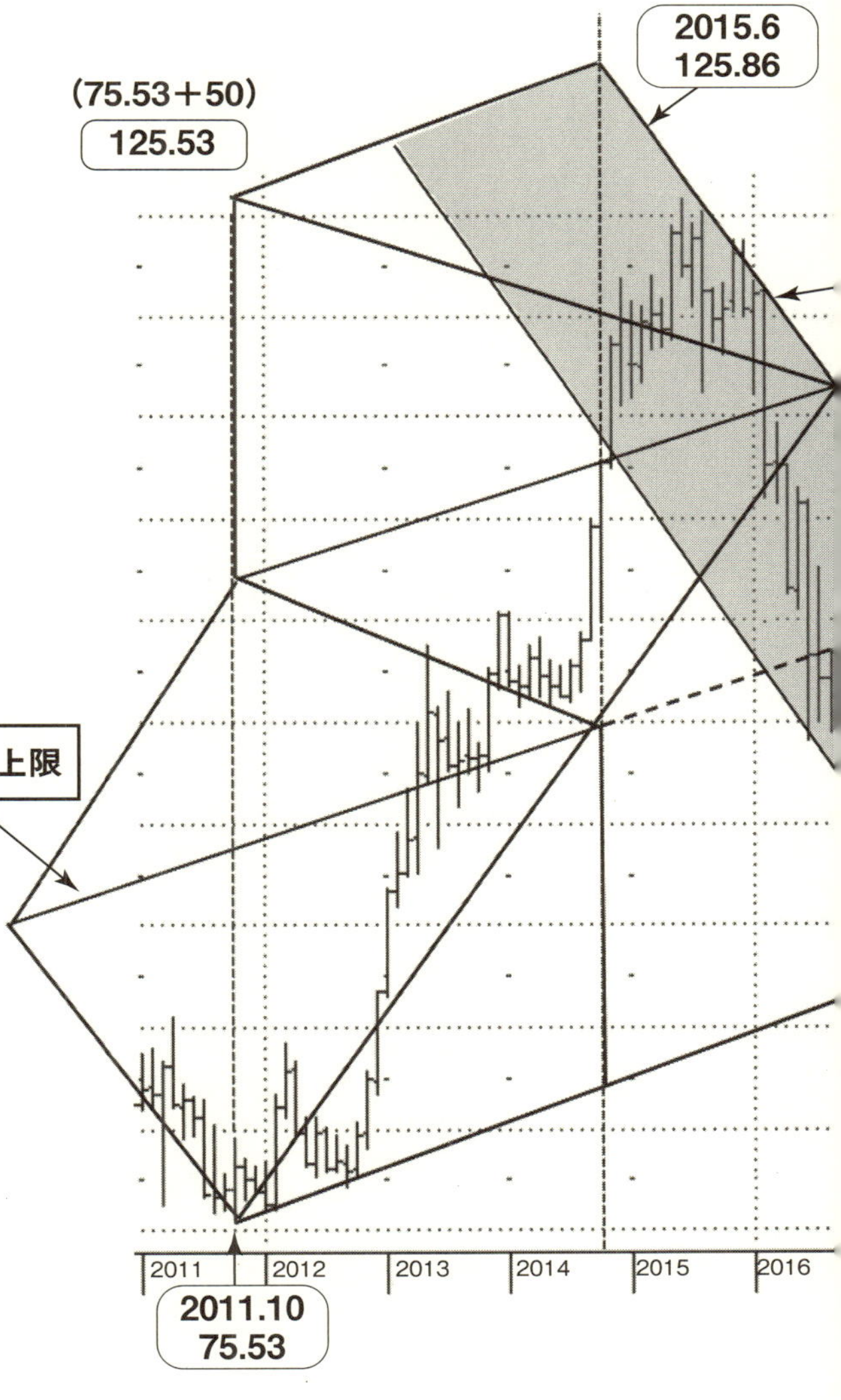

ければならないわけである。

長期金利がどんどん下がってきているアメリカの景気には黄色信号が灯っており、２０１８年にはかなり悪化する兆候が見えている。ひとことで言うと、アメリカ経済にもデフレの波が襲いかかろうとしているのだ。いま高所恐怖症に陥っているアメリカ株の急落は必至であろう。

そうなると何が起こるのか。円キャリートレードの巻き戻しが起こって、強烈な円高を招いてしまう。

２０１８年から5年かけて、日本は超円高、株安、デフレに難儀《なんぎ》する運命にある。

２０２２年に1ドル65円になる理由

その背景として、２０１５年6月5日のドル高値１２５円86銭が時間と価格の両面で、これ以上ない美しいポイントを達成したことがあげられる。特に時間面では際立っていた。

１９９８年8月の１４７円62銭のドル高値からの16年10カ月目にこの高値を達成しているからだ。

この16年10カ月とは黄金分割２７０年を16で割った数字で、マーケットでは頻出の天井、底の日柄である。言ってみれば、さらに16年10カ月後にドル高値を出す可能性があるということである。

16年10カ月後に高値を出すということは、通常の場合その半分の8年前後は相場が下がり続けることを意味している。あるいはその下げサイクルの底までに8年を要するといってもよいだろう。もし8年を要せずしてドルの底を見る場合は、その底はそれ相応に深くなるはずである。時間で来るか、値幅で来るかの違いである。

歴史を振り返ると、16年11カ月のインターバルの安値を付けたユーロはその後10年上昇して、その上昇率は158％であったケースなども見られている。

私は1ドル125円86銭だった円が1ドル65円まで円高になると予測している。それが2022年とすると、6年9カ月で93・6％の円高になる。上記のユーロの例と比べてもそれほどの乖離《かいり》はなく達成可能である。

為替相場がそれだけ動く背景には、ゼロ金利の存在がある。

金利の調節が世界中ゼロ金利で意味をなさなくなったとき、ひたすら為替相場が世界経済の〝安定剤〟として働くことになるはずだ。世界経済を安定させるために為替相場の安定が破壊される。そんな皮肉な現象が起きつつある。

FEDが金利を上げられなくなったとき円高への大転換がはじまる

ここからは来年7月に向けての円高進行マーケットの話に踏み込んでいきたい。

まずは為替のドル円について。先のチャートをみると、ドルは２０１１年10月に75円のボトムを打ち、２０１５年６月には１２５円まで上昇した。その後下落し、99円まで行ってから１１８円まで上がった。

結論から述べると、ドル円相場はすべて黄金分割の日柄を踏んでいるわけである。75円53銭のボトムが２０１１年10月31日。ここから黄金分割の14・５四半期とは約44カ月後、３年８カ月後の２０１５年６月５日に１２５円86銭の高値を付け、８月12日に１２５円29銭のダブルトップを付けた。

そこからズドンと落ちた。99円までドルが下がったのが２０１６年６月。ちょうどブレグジットで世界が騒がしかった頃である。これは２０１１年10月の75円のボトムから56カ月後、１カ月だけ早まったものの、19四半期後にあたる（黄金分割38四半期の半分）。

その後のトランプラリーでドル高に転じて１１８円まで上げて、このところは１０８円と１１５円のレンジのなかでジグザグに推移している。

ここで留意しておきたいのは、2016年6月の99円が大事で、その後は戻り相場をウダウダとやっていることだ。この状況はいつまで続くのか。

前々回の高値が14・5四半期後、前回の高値が19四半期後であることから、黄金分割で次に意識すべきは22・5四半期であり、その次は27四半期となる。22・5四半期目は2017年6-7月のタイミングであり、そのポイントから何度か114円台へのドル高に挑戦している。しかし、それ以上は円安にならない。大底2011年10月の75円53銭からの73カ月目となる2017年11月以降は大いなる円高が進行することになりそうだ。

そのあとに来る2011年10月の大底からの27四半期目は81カ月、すなわち6年9カ月後、2018年7月ということになる。

以上から見て、私自身はとりあえず27四半期目の2018年の7月に向けて相場は円高が進行する、と考えている。

そのなかでも、もちろん相場は上がったり下がったりするわけだが、次の大きなポイントは、もうこれ以上FEDが金利を上げられなくなる場面が訪れるということである。

結局、金融関係者の円安相場観は、FEDのアクションにかかっており、FEDが利上げしないことがハッキリしたら、どっと円高に振れるはずである。

ＦＥＤがどんどん利上げできない方向に追い込まれていくのではないか。これが私のいまの見方である。

チャート③（２０１７年11月10日）のドル円の四半期足についてはちょっと説明しにくいのだが、図の通り、ドル相場の頭を75円53銭の大底から計ったカウンター54。線が抑えている。したがってトレンドは大底からの27四半期目である２０１８年７月あたりまでは少なくとも円高進行といえることになる。すでに22・５四半期にむけて円安の圧力は終わっている。

ここにはポイントがあって、それは90円だ。チャート②の75円53銭からのスーパー黄金分割三角形の下限の18度線、これが２０１８年７月になると90円をちょっと切るくらいのところになる。

現実には、相場はすでにグレーゾーンを上に超えており、スーパー黄金分割三角形の上限に上昇を押さえられている形となっている。この結果、ドル相場はどうしても１１５円を超えることはできず、スーパー黄金分割三角形の下限である90円に向かう形である。11月以降相場はドル安で、このグレーゾーンに復帰を目指す構えだろう。

チャート③　ドル円四半期足（2017年11月10日）

なぜ4回もFRBは金利を上げたのか？

先にふれたように、現在FRBは15回目の引き締めサイクルに入っている。そして当然ながら、FRBは過去14回のうちの11回が金融危機を引き起こしたことを自覚している。当然ながらイエレン議長も意識している。

したがって、FRBとしては今回の15回目の引き締めが金融危機になったときに備えて金利を上げておきたい。いざとなったら金利を下げられるように、である。

バランスシートの縮小も10月から始まった。

けれども、FRBはいずれもう1回バランスシートのネジを緩める、あるいは金利を下げる事態になると予測している。つまり、FRBはいまのマーケットが不変だなどとはさらさら考えていないのだ。

FRBがこの先ずっと金利を上げていくと想定して、円安がさらに強まると主張している自称金融専門家なる人たちがいるのだが、そういう連中はまったく歴史を勉強していないし、FRBの思惑をまったくわかっていない。

FRBはそのうちにアメリカ株がガタッと落ち込むのを確信している。そのときのために、これまで4回も金利を上げてきた。金利を4回上げたということは、裏返せば4回下げられるということになる。

ＦＲＢの予測通りアメリカ株が暴落したとき、ドル円はどうなるのかといえば、円高になる以外にない。アメリカ株の落ちかたのスピードによるけれど、超円高になる可能性は否定できない。

以上のような論旨から、２０１８年7月には１００円は確実に割り込み、ことによると90円を切る円高になっている可能性がある。

5年後にデフレの極致を迎える日本

そして現実には日本の経常収支の黒字、対外純資産残高がものすごいことになっている。つまり、実際には超円高になる体制になっているにもかかわらず、ファイナンスの世界で無理矢理に日銀が捻じ曲げて、円ショートに持っていっている。その円ショートの圧力で何とかして経常黒字から来る円高を止めているという構図なのだ。

したがって円キャリートレードの環境が壊れたら、猛烈な勢いで円高が始まるのは火を見るよりも明らかといえる。なぜなら、日本の際立った経常黒字がそのまま為替相場に反映されるからである。

それはいつなのか。幾度も述べてきたように、アメリカのアセットインフレが崩れたときにほかならない。

「ドル円四半期足」を見ると、2016年6月のブレグジットのときの99円よりも当然下に行く。悪くても90円台、下手をすると80円台というような流れになるであろう。

その先について、私はかねがね2022年に65円と言っている。このとき日本はデフレの極致を迎える。

2018年から2022年にかけての5年間で、本来潰れるべき企業が、日銀の大規模介入や円安政策、あるいは政府のゾンビ企業救済で生きながらえてきたところがみな死に絶える。

株も1万円割れの水準まで下落してお先真っ暗になったときが、実は今後の見通しとしていちばん明るいのだと思う。とにかく日本は1989年のあの大バブルとその後の崩壊という凄まじい経験をしているのだ。そうは簡単に復活できない。

デフレの極致を迎えるとき、ゾンビ企業で働いてきた労働資源は人材マーケットにあふれて出てくる。彼らが人手を必要とするところに回っていく。あとで考えてみれば、それが為替による大デフレの最大の効果になるのではないか。そして、その後は日本に絶好の風が吹き、円安株高の絶頂期が訪れると、私は予測している。

２０１７年10月下旬、日本株が史上最高の16営業日連騰したと盛り上がったけれど、それはアメリカのまやかしの株高にすがってのものでしかなかった。

２０２２年から本格的上昇に転じる日経平均２２５

チャート④（日経２２５月足　２０１７年11月10日）を見てみよう。リーマン・ショック時の６９９４円に黄金分割１万６２００円を足すと、２万３１９４円という数字が出てくる。

この２万３１９４円が現在進行中の第5波の天井であろう。エリオット波動論でいくと第5波を完成すれば、一相場終わるというものである。エリオット波動の5波は①～⑤で示してある。

ここで完成した相場は、当然大きく下げ調整に入る。最大限グレーゾーンの下限までやる可能性がある。

ここで考えることは、その大きな調整の底の時間帯である。

まず大底を見た２００８年10月というのは、大天井１９８９年12月の３万８９５７円からの19年目（黄金分割）の節目に出た大底である。

一般的には19の時間単位で出た天底は、31時間単位で繰り返すことが多い。

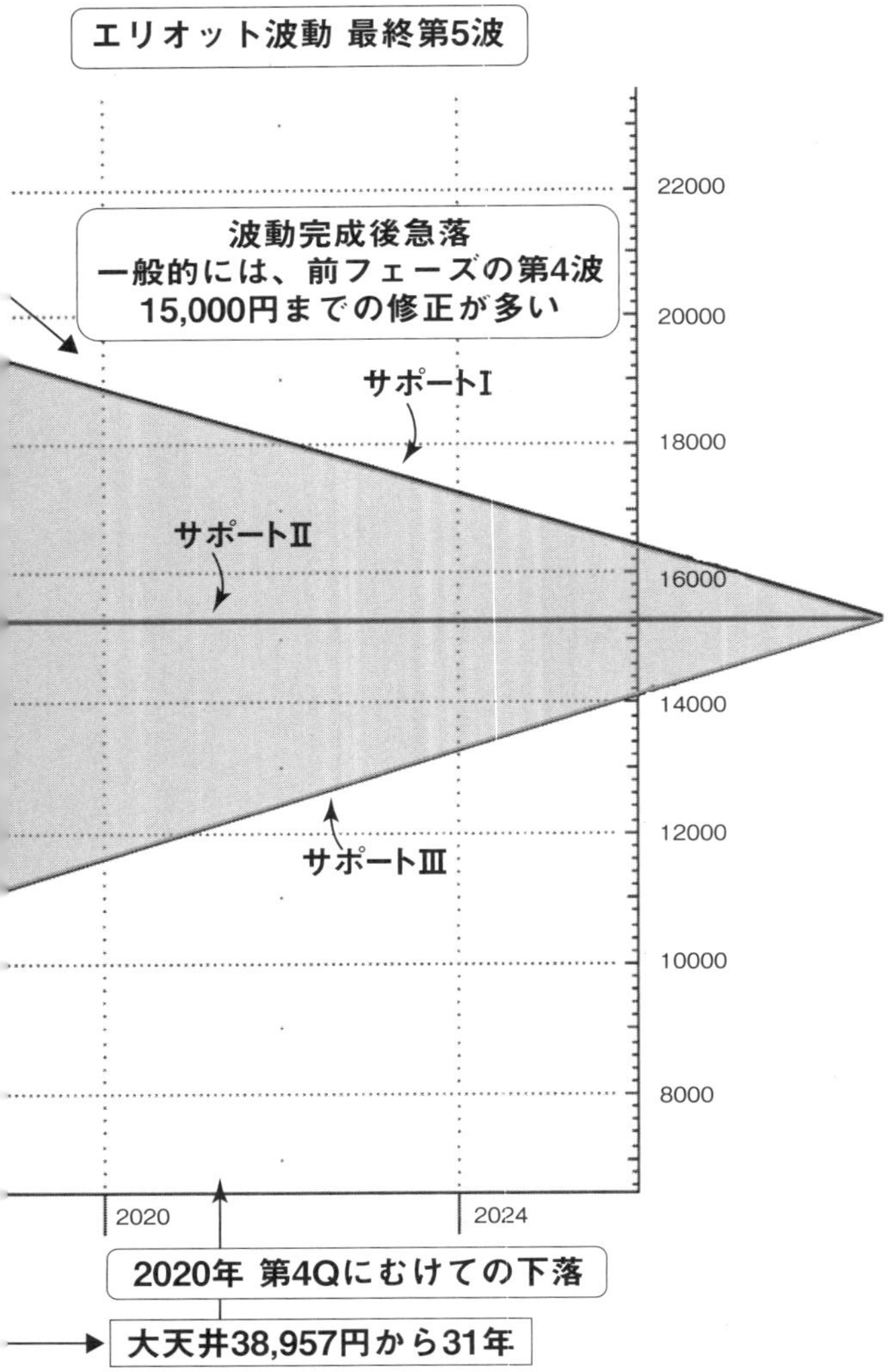

エリオット波動 最終第5波
波動完成後急落
一般的には、前フェーズの第4波
15,000円までの修正が多い
サポートⅠ
サポートⅡ
サポートⅢ
22000
20000
18000
16000
14000
12000
10000
8000
2020
2024
2020年 第4Qにむけての下落
大天井38,957円から31年

チャート④　日経225月足（2017年11月10日）

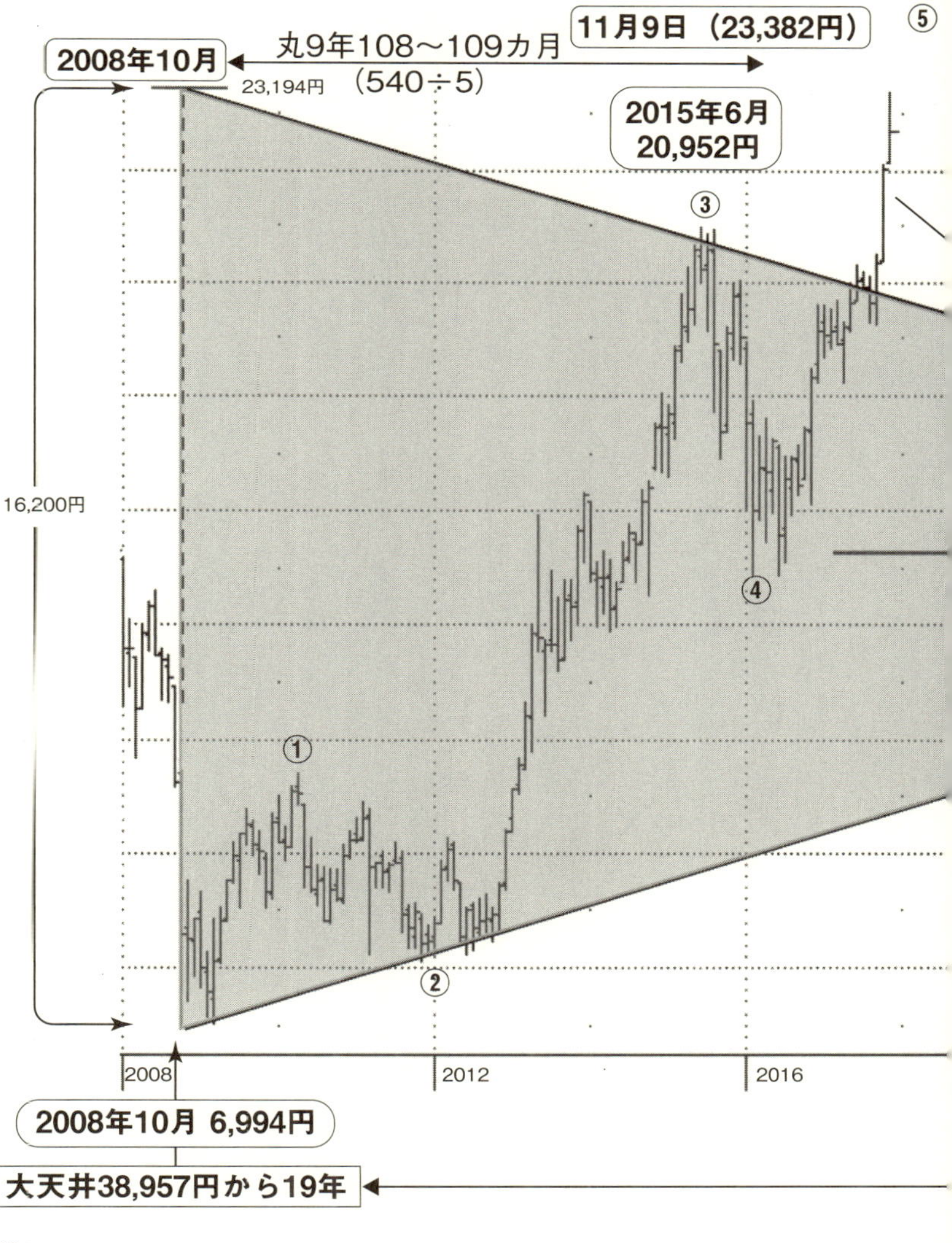

ということは、大天井から31年目の2020年第4四半期に大きな底を見にいく可能性が高いということだろう。その場合、2008年の大底からのグレーゾーンの下限が1万2000円あたりとなっているので、最終的なターゲットはその1万2000円。しかし往々にして黄金分割三角形はその中心線、すなわち大底に1万6200０÷2の8100円を加えたレベルが強力なサポートとなることが多い。そうなると1万5000円近辺がその前に大きなハードルだろう。

2021〜2022年にはおそらくアメリカの金利もボトムだから、日本株にはこのあたりから政府のヘリコプターマネーががんがん入ってくるというのが私の見立てで、日本株はそこから反転上昇するはずである。具体的には、日経平均225は4倍を目指すのではないか。つまり、最終的には1万円台から5万円に2030年に向けて暴騰する、というのが次の流れだと思う。

なぜそうした流れが生まれるのか。

戦前の歴史を振り返ると、1931年に高橋是清蔵相がヘリコプターマネーを実施し、そこからの株の上昇は凄まじかった。それまでデフレで沈滞していた経済が、低金利と大量公債発行のリフレ政策を採用して、一気にインフレへと流れが変わった。その再現が2022年から

２０３０年までの7～8年間であり、日本株のもっとも輝かしき上昇局面が訪れるのではないか。

１９６５年の「昭和40年不況」で付けた安値１０２０円から計ると、年足で2万２０００円を超えるのは、ほとんど不可能に見える。その2万２０００～2万３０００円まで大底からの節目である１０８～１０９月目（５４０÷５＝１０８）にやった相場は天井で、あとはＮＹ株とともに下落に転じることになろう。

株は神意で動く

株は神意で動いている。これが私の基本スタンスである。

したがって、人為でマーケットに対してどんどん強気な発言が出てくるときには、株は危ないと思わなければいけない。２０１７年末にかけて2万２０００～２３０００円レベルで推移している日本株については、「まあ、よくやったよな」みたいな感じでいいのであろう。けれども、それ以上の上昇はしんどい。

チャート⑤の日本の金利（ＪＧＢ10年債先物四半期足　２０１７年5月）はすでに２０１６年7月28日にマイナス０・３％という底をつけており、今後はどういう軌跡を描いて金利が上昇して

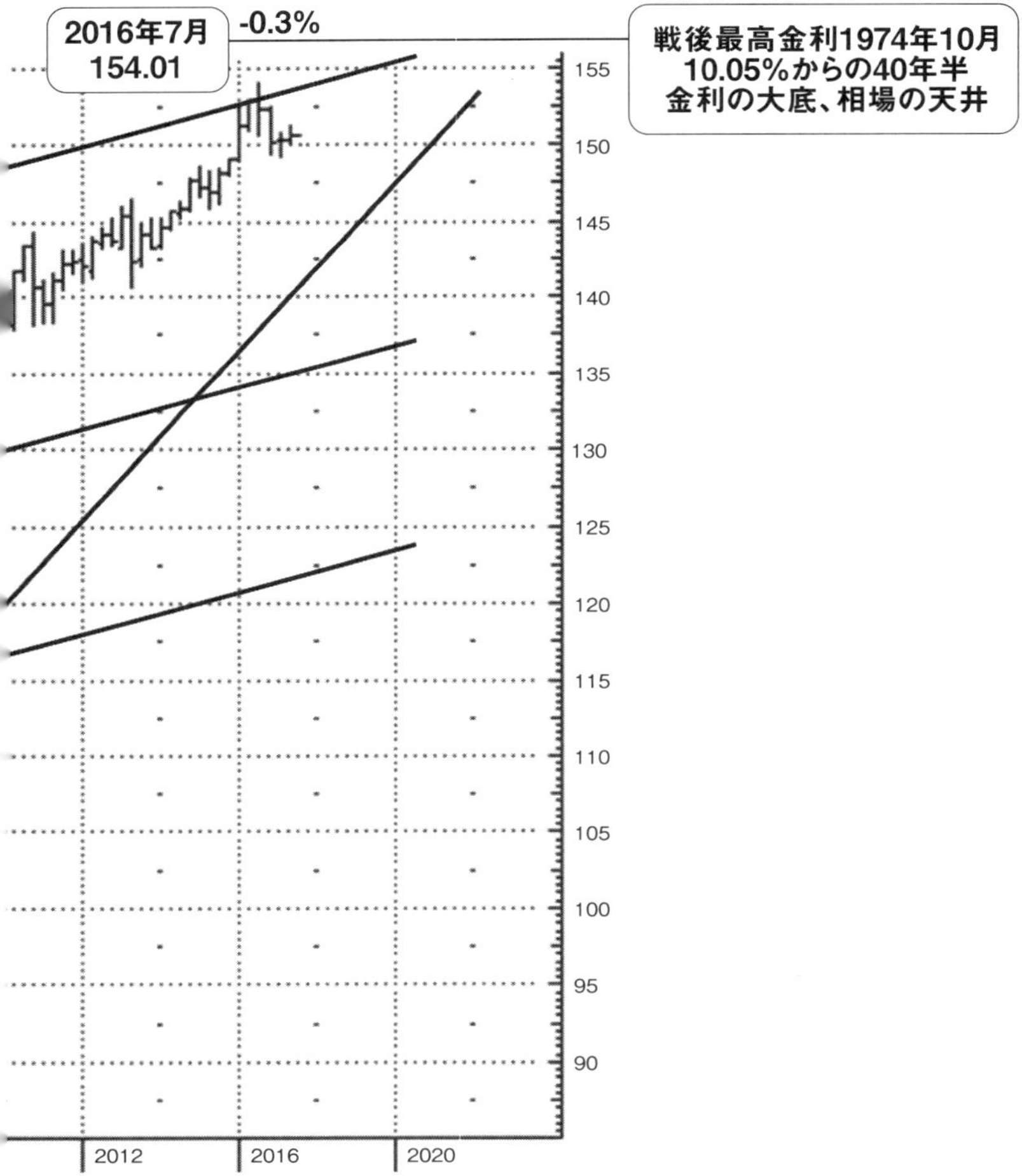
2016年7月
154.01
-0.3%
戦後最高金利1974年10月
10.05%からの40年半
金利の大底、相場の天井
155
150
145
140
135
130
125
120
115
110
105
100
95
90
2012
2016
2020

チャート⑤　JGB10年債先物四半期足（2017年5月）

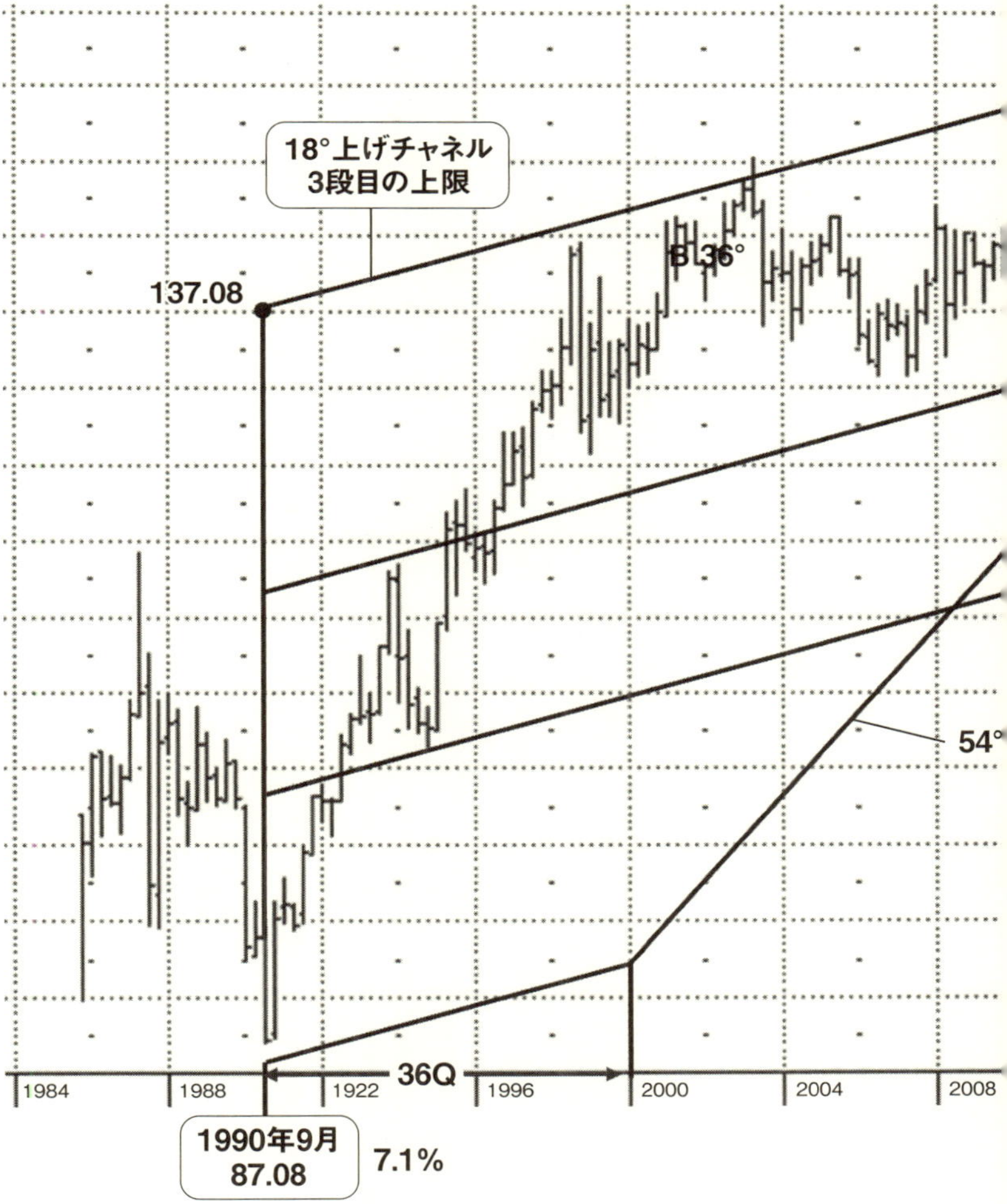

いくか、そこに注目すべきである。

円が暴落して金利が急騰すると何年も言い続けている某参議院議員がいる。世界ではこれからデフレに突入する国もあるので、1000兆円の国債残高を抱えている日本はもうボロボロだとおっしゃるわけである。

だが、日本の企業や個人は349兆円（3兆2000億ドル）を超える海外純資産を持っており、円安になれば大儲けする企業がいっぱいある。10円円安になっただけで32兆円、100円の円安になると320兆円も儲かってしまう。

そんな企業や個人が片方にいて、日本がボロボロになってしまうのかというと、やっぱりならないだろうと思う。国だって1兆2000億ドルの外貨準備を持っている。1円の円安で1・2兆円、10円で12兆円、100円で120兆円のお金ができてしまう。

それを考えると、そう簡単に円安にはならないのではないか。円安になる前に超円高でひどい目に遭う、というのが日本経済の大きな流れではないかと私は見ている。

私は2022年に65円まで円高になるとずっと前から言っているのだが、それは私が決めているのではなくて、チャートがそう示しているからである。

その通りになると、さすがの日本政府もどうしようもなくなる。株価は先刻述べたように1万2000円にまで落ちる。ドル円は65円になる。

そうなったときに日銀にどんどんお金を刷らせ、ヘリコプターマネーで世の中に回すしかない。そこから日本はインフレ経済に突入し、株価は暴騰していく。

われわれはあと5年程度、辛抱しなければならない。だが、その後の日本にはかつてないほどの好景気が訪れるはずである。

第5章

衰えを露呈するアメリカと怒らない日本人の現実

民主党が下院選で勝てない理由

よく日本の知人に「実際のところ、アメリカ国内でのトランプの人気はどうなのか?」と聞かれる。ニュートラルなまなざしで見て、トランプが滅法好きな人が3割。どうしようもなく嫌いで、顔を見るのも嫌な人が5割。残りはどうでもいいやと思っている人たちである。

わかりやすいのは、その人がどのTV局を贔屓《ひいき》にしているかだろう。FOX派は熱狂的なトランプファンで、CNN派は反トランプである。

「トランプはあと1年はもちそうか?」とも聞かれる。

もつとは思うけれど、これからアメリカ株が暴落することから、彼の人気はさらに落ちるのは間違いのないところであろう。

ところが、仮にトランプの共和党が来年の中間選挙に敗れ、早くもレイムダック状態を招く可能性が高いのかといえば、その可能性はそうとう低いと言わざるをえない。

2年ごとに行われる連邦下院選挙は、極端なゲリマンダー（特定の政党や候補者に有利になるような選挙区割り）の下で行われることになっているからだ。この選挙区割りは10年に1度の国勢調査で決められるのだが、そのときの州知事と州議会の意向が大きく影響する。

現在、アメリカ50州の知事の色分けは、共和党36、民主党14。このところの下院選挙においては、票数では民主党が勝っているものの、共和党に有利なゲリマンダーのために議席数では共和党に圧倒されているのである。

したがって、ゲリマンダーが変わらない限り、民主党は下院選でなかなか勝利できない。最近、ゲリマンダーが違憲ではないかという声があがりつつあるのだが、現実的にはゲリマンダーをなくすのは難しい。

もうひとつ、民主党にとって不利な材料がある。上院の改選だ。上院は任期6年で、2年ごとに3分の1ずつ改選されていくシステムになっている。２０１８年、上院で改選となるのは33議席。民主党上院議員48人のうち25議席（無党派で民主党と統一会派を組む2人を含む）が改選となり、議席を失うリスクも考慮しなければならない。一方、共和党議員は52人のうち、わずか8議席しか改選の洗礼を受けない。

以上のような理由から、来年の中間選挙でそう簡単に勢力図は変わらないと思われる。よほどのことがない限りは――。

この状況で上院議席数（共和52、民主48）を民主党が逆転するのは相当大変なことである。

トランプの不人気うんぬんは別にして、冷静に考察してみると、選挙区割りシステムと議員改選数が邪魔をして、簡単に共和党の牙城を崩すのは難しいということがわかる。

それではその次の２０２０年の選挙はどうかというと、逆に共和党の改選数が多く、民主党の改選がぐっと減る。そうするとマジョリティが変わりやすくなる環境が整う。

だが、ゲリマンダーについては今後も変わらないので、民主党が下院を制するのは相当難儀ではないかと一般的には考えられている。

ただし、アメリカは日本と異なり、国会議員がどんどん辞めているという実状がある。

国会議員が選挙区に戻って行う国会報告会で住民に吊るし上げられるような事態は日本ではまずないと思うが、アメリカではわけが違う。特にこのところ共和党の議員が盛大に罵倒、攻撃され、毎回、恐怖に晒《さら》されるのが、地元でのタウンホール・ミーティングなのだ。

その裏側には民主党支持のジョージ・ソロスが敵側のタウンホール・ミーティングに動員をかけている。そんなフェイクニュースもあるほどだ。

まあ現実に、タウンホール・ミーティングに嫌気がさして辞職する議員もけっこういるわけである。２０１７年11月現在、共和党現職下院議員28人が２０１８年の中間選挙出馬を辞退している。民主党は８人である。

下院については総じて現職議員が強い。共和党の現職が辞めて議席が空く場合、民主党に替わりやすくなるという傾向は見られる。

だから、みんなで共和党の現職議員をタウンホール・ミーティングで死ぬほど吊るし上げて引退させるのは、いまの民主党におけるひとつの戦術といっていい。

アメリカには驚くほど多くの金持ちがいる。別に下院議員などやっている必要のない人もいっぱいいるわけである。日本のようにどうしても議席にしがみつかねばならない人などほとんどいない。そのあたりは日本の政治家にはわからないだろうが、政治家稼業に嫌気がさせば、あっさり辞めてしまう人が相当いるのである。

先進国で台頭する右派ノン・エスタブリッシュメント

日本では今度の衆議院選挙で、希望の党小池百合子代表（当時）の「排除の論理」が論議を呼んだ。小池代表はけしからんと日本のマジョリティから非難されたが、これはアメリカではまったく通用しない話である。

排除の論理を通すのは当たり前だからだ。政治信条が異なる人たちが一緒にいたって、政党がうまく回るわけがない。排除の論理を使ってストリームラインすれば、ここに投票したらこうなると明確にわかるので、有権者はすっきりするではないか。

ところで、いま、世界の政治状況はどうか。

先進国においていわゆるリベラル派は至るところで敗戦を喫しており、そこには明確な傾向を見出すことができる。政権をめぐる選挙では右派が勝つ。もっと言えば、右派の、エスタブリッシュメントではない候補が勝利している。この現象が各国で起こっている。アメリカ、フランス、ドイツ、ブレグジットとなったイギリスでも同じ現象が見られる。だから、私は日本の先の衆議院選挙においても、右派のノン・エスタブリッシュメント候補が勝つのではないかと思った。つまり、小池百合子が勝つのだと。

これは世界の政治潮流から見た予測である。

そのモノサシでいくと、安倍晋三首相はエスタブリッシュメントそのものだから、敗戦の憂き目を見るはずだった。だが、結果は自民党の圧勝で、世界の政治状況から取り残されてしまった。日本の場合、いかんせんメディアが弱い。官邸の御用新聞、御用テレビ、御用雑誌のようなところばかりである。だからこの国はいつまで経っても良くならない。

森友・加計問題の追及でちょっとだけ勢いづいた感があったが、右派のノン・エスタブリッシュメント候補を持ち上げるところまでのパワーを日本のメディアは備えていない。

では、なぜ世界の先進国は右派のノン・エスタブリッシュメントを選ぶのだろうか。

大きな理由のひとつに、政策実行力に乏しい従来のエスタブリッシュメントには飽き飽きしたことが挙げられよう。

かといって、リベラルまで振れることはよしとしない。たとえば、移民をめぐる問題ひとつとっても、なかなかリベラル支持にはなれない。

概してリベラルは志が高いものである。貧困層を救いたいとか、悲惨な移民の面倒を見ようとか、リベラルのモチベーションは人類の叡智そのものといえる。

けれども、そのモチベーションが通用したり、そんな格好のいいことを言っていられたりするのは、世の中が良いときのみである。人類の叡智が反映するリベラルの時代とは、世界がとても安定、繁栄している瞬間でしかない。

世の中がだんだんおかしくなってきたら、そんな格好をつけている場合ではなくなってくる。叡智の世界から見れば人道的な選択をすべきなのだろうが、移民に自分の仕事を奪われるようになれば、エゴがどうしても勝って、叡智を捨てるしかなくなる。

いまの先進国の選挙結果を見るにつけ、人類の叡智とエゴのせめぎ合いの結果、エゴが浮上してきたのではないか。そしてそれが右派のノン・エスタブリッシュメントの台頭を促しているわけである。

いまは世界のＧＤＰが３～４％成長を遂げている幸福な時期ではなく、みんなの不満が鬱積《うっせき》しているから、人々の気持ちはリベラルへは向かない。そういう時代なのだ。

２０１６年の大統領選挙における民主党最大の失敗は、ヒラリー・クリントンを無理矢理に候補に立てたことであった。ただ、ヒラリーは党と官僚を完全に牛耳っており、民主党の首脳部のほとんどがヒラリー派であった。それで本来候補になるべきバーニー・サンダースに対してさまざまな汚い手を使って断念させ、ヒラリーを担ぎ上げた。

そんな民主党執行部の手口に怒りを抱いている人はいまだに多く、「盗まれた選挙」とまで言う民主党員もいるほどである。

先刻、世の中の景気がいいときにはリベラルが躍進すると記した。「黄金の60年代」と言われたころには、公民権運動が展開され、１９６４年には公民権法が成立、一部を除いてアメリカ白人社会もそれを歓迎した。

その逆の現象が２０１０年代から目立ち始めた白人至上主義であろう。アメリカが苦しい時代に突入、人類の叡智が下火になるのと入れ替わりに、白人のエゴが台頭してきたのである。

なかなか現実的には難しいが、日本国民がリベラル支持に向かうのは、日本が次のような条件をクリアしたときであろう。

まず、アベノミクスのようなまやかしは止める。ゾンビ企業を潰し、それらを支えていた労働力を時流に乗った企業に移転させる。そしてGDPを上げ、潜在成長率を上げられる態勢になったとき、しかも実績を生み始めたとき、初めてリベラルが脚光を浴びることになる。

あるいは、よっぽど右派のノン・エスタブリッシュメントによる政治が失敗して、その反動でリベラルが台頭するかだろう。

良識の府上院の取り決めを破り捨てたトランプ

それではいまのアメリカの場合はどうか？

第1章で共和党は88年ぶりに大統領府、上院、下院の3者支配を達成したと述べたが、どうしてアメリカ国民はそんなに長期間、共和党の3者支配を許さなかったのだろうか。

共和党が1929年から始まった大恐慌への対応を誤ったからにほかならない。言いかたを換えれば、共和党の好きなようにやらせたら大変なことになると、アメリカ国民から88年間も信頼を得られなかったということである。

それが民主党大統領候補ヒラリー・クリントンの一連の行動をきっかけに、アメリカ国民のリベラルに対する不信が高まったおかげで、トランプに大統領の座が転がり込んだ。

私に言わせれば、世の中が悪くなったために共和党が政権をとったのだけれど、それは世の中がさらに悪くなる前兆でしかない。

大統領就任当初、日本のマスコミは、共和党が議会両院でマジョリティを持っているから、トランプの議会運営はうまく進むと伝えていた。だが、まったくそんなことはなかった。

いまのホワイトハウスには議会対策の専門家はひとりとしていないし、議会とこれまでネゴ（交渉）をした経験を持つアシスタントも皆無だ。そんな心細い状況のなか、手探りで政権運営しているのがトランプ政権なのである。

下院も上院も、共和党が多数を占めている。上院は52対48で共和党が多数を占めているわけだが、この共和党52人のなかに2人、著名な上院議員がいる。ジョン・マケイン（アリゾナ州選出）とリンゼイ・グラハム（サウスカロライナ州選出）の2人は徹底的な反トランプ派として知られる。したがって、本当は52対48ではなくて、50対50が現実であり、そう簡単に法案は上院を通過しない。

しかも、もともと共和党の党是とは、小さな政府である。財政政策についてトランプは1兆ドルのインフラ整備や大減税などの大盤振る舞いを実行すると約束しているものの、実際にはそう簡単に議会は通らないし、トランプ自身もあまり無理押しはできない。

また、上院の重要法案の議決については、フィリバスター・プルーフ（良識の府としての取り決め）により100票のうち60票以上をとらないと通過は難しい。51対49のシンプルマジョリティ（単純過半数51票）では駄目なのだ。したがって、重要法案を上院で通すために共和党は現在の52票に加えて、民主党から8票以上をとってこなければならない。

ちなみにアメリカ議会は日本と違って、党議拘束は存在せず、自由投票になっている。

こうした現状に対してトランプは「フィリバスター・プルーフなど無視すればいい。ゴーヌークリア（核爆発で行け）！　51票で可決してしまえばいいのだ」と主張している。

このトランプ発言に民主党議員のみならず、共和党議員もビビっていた。なぜなら、共和党がゴーヌークリアで強行突破すると、政権が代わったときには確実に民主党に仕返しされるからである。

だが、トランプは長年、共和・民主両党が躊躇《ちゅうちょ》していた上院のフィリバスター・プルーフを本当に破ってしまった。

3月下旬、トランプが最高裁判事に指名した保守派のニール・ゴーサッチの承認に対して民主党はフィリバスター・プルーフ、前述の60票ルールの適用を要求した。これは特別なものではなく、上院における最高裁判事の承認は長年このルールにより決められてきたからだ。

なぜフィリバスター・プルーフが適用されるのかというと、日本の参議院と同じく、アメリカ議会上院は「良識の府」としての位置づけがなされている。下院のほうは、党派的な動きをするが、上院は良識の府だから、最高裁の判事承認のような重要な案件については党派で決めず、シンプルマジョリティ（単純過半数51票）ではない6割以上の同意で承認するという取り決めがある。

このときは共和党のマコーネル上院院内総務が上記取り決めを無視し、今回はシンプルマジョリティでの議決に変えてしまい、強行突破したわけである。

なぜいつもトランプの顔は怒っているのか？

テレビが映し出したり、新聞や雑誌に載ったりするトランプの顔は、一部を除いてたいていは怒っている。常に怖い顔をしている。これはアメリカという国が怒っているあらわれ、象徴なのだと思う。

いまのアメリカの政治は、怒りの政治でもある。プアホワイトが怒りでもってトランプを大統領に押し上げたのだ。党派も意見も違うけれど、妥協によってさまざまな政策を決めていく場所が議会である。妥協していかなければ、生産性は上がらない。

けれども、怒りの人たちは妥協しない。それがトランプであり、フリーダム・コーカス（共和党保守強硬派の下院議員連盟）なのである。

トランプの原理は怒りであり、フリーダム・コーカスの原理も怒りだから、議会に出てきても決して妥協しない。妥協しないから生産性が怖ろしく落ちる。だから、トランプは大統領令を〝連発〟するしかない。

大統領府、上院、下院の3つを制したとき、凄まじい勢いで議会の生産性が上がるのではないかと期待された。いままで共和党のエスタブリッシュメントが考えていたような法律がぼんぼん通ると思っていたら、それは大間違いだった。

みんな怒りで議会に臨み、決して妥協をしないからである。だから、3者共和党支配でも、ろくに決められない政治が続いている。

ティーパーティについては、いま勢いは落ちているとはいえ、彼らのスポンサーは4兆円の資産を持つコーク・ブラザーズである。彼らがバックにいる限り、ティーパーティが解散するようなことは決してない。

日本にはティーパーティとコーク・ブラザーズのような例はあまり聞かれない。

なぜか。日本という国は本来、アメリカのように原理原則があまり必要ではないからであろう。

低収入層には実質増税となるトランプの税制改革

それではトランプが公約に掲げている税制改革の行方はどうか。

上院のフィリバスター・プルーフには例外規定があり、予算に関連する議案はシンプルマジョリティで決められるとされている。51対49でオーケーだし、50対50の場合は上院議長兼副大統領のペンスが共和党側に投票すればカタがつく。

予算は重要案件であるのにもかかわらず、なぜシンプルマジョリティが採用されるのか。それは予算に関するものには緊急性があると認識されているからだ。これをバジェット・リゾリューション（予算決議）と呼ぶ。

トランプの税制改革がフィリバスター・プルーフで議決するのか、それともバジェット・リゾリューションで議決するのかが長らく議論されてきて、ようやく10月5日、バジェット・リゾリューション採用が下院を通過した。

それで税制改革が進むのではないかという期待感から同日、NYダウは最高値（当時）を更新したわけである。

トランプの税制改革については現在9ページにわたる改革案が提出されているが、今後、その内容をさらに詰めていかなくてはならない。

加えて、中立機関である議会予算局が、下院から提出された改革案の明細に基づいて将来予測を行う。これが仕上がってこないと、その先には進めない。

そしてその将来予測を材料に、全米でタウンホール・ミーティングが開催され、共和党議員は死ぬほどの恐怖を味わうことになると思われる。

なぜなら、この改革案をシンプル化すると、年収73万ドル以上の富裕層については大幅な減税がなされ、低所得層については実質増税になってしまうからである。

加えてトランプは決定的な不利（ディスアドバンテージ）を抱えている。歴代大統領全員が本人の納税申告書を開示（ディスクローズ）してきたのに対して、トランプのみがそれを拒んでいるからだ。そんな大統領が提案する減税案を一般国民が受け入れるとは到底思えない。

トランプは納税申告書の提出を頑《がん》として拒んでいる。後ろ暗いことをしていたからとしか考えられず、おそらく提出したら大統領職から下りなければならないからだろう。

共和党は88年ぶりに大統領府、上院、下院の3者支配を実現しているとはいえ、大統領をめぐる倫理の問題がネックになって、なかなかその優位性を発揮できないでいる。

確実に共和党議員は地元のタウンホール・ミーティングで市民たちから突き上げられる。

「おまえはまったく信用できない大統領が提案する税制改革に本当に賛成できるのか。あの男は過去の慣例を破って、自分の納税申告書の提出を拒否しているのだぞ」

正論だけに各共和党議員は反論のしようがない。

トランプはこの納税申告書提出拒否の原因にもなっているであろうロシア疑惑も引きずっている。これについてはムラー特別検察官（元ＦＢＩ長官）が担当しており、年内には報告が出されるはずである。

その報告の中身がアメリカ株の足を引っ張る材料になるかもしれない。

ドット・フランク法骨抜きを画策するウォール・ストリート族

アメリカには潰すものは潰すというところがある。

そうした苛烈なところが狩猟民族的な国の政治にはある。

たとえば、２００１年に粉飾決算が発覚した総合エネルギー企業のエンロンの倒産劇と政府の対応は、いかにもアメリカらしかった。粉飾に加担した世界5大会計事務所の一角を占めていた大手監査法人のアーサー・アンダーセン・グループは否応なく解散させられている。本来ならば日本政府も、東電しかり、東芝しかり、オリンパスしかり、このようにきっちりと潰さなくてはいけない。

一方で、私がアメリカもちょっと衰えたなと感じたのは、エンロン事件以降に起きた金融危機において、責任者である銀行、官僚、政治家が検察に挙げられ、徹底的に罪人扱いされていないことであった。

「ああしたろくでもない状況をつくり出した悪人どもはみんな牢獄に入れるべきだ」

これは民主党のエリザベス・ウォレン上院議員の発言で、彼女はこう続けている。

「1980年代にS&Lクライシスがあった。レーガンの規制緩和を受けて、無理なハイリスク投資に打って出たS&L（アメリカ貯蓄貸付組合）が経営破綻し、1929年の大恐慌以来の金融危機を引き起こした。そのときには悪事を働いた者は全員牢獄に入れられたが、リーマン・ショックの際には誰も牢獄に入れられなかった。そこは牢獄に行かせるべきだった。そうしないと、また同じことが起こるからだ」

正論であるし、それがまさにいま起ころうとしているわけである。

リーマン・ショックの際の大暴落を受けて復活したボルカールール、新たに制定された銀行の自己売買を禁止するドッド・フランク法を骨抜きにしようとしているのは、当時、でたらめなディールを行っていた関係者全員を牢獄に入れなかった報いとしか言いようがない。徹底的な糾弾と法的措置を怠ったから、共和党のウォール・ストリート族がまたぞろ不穏な動きを見せているのだ。

以上のようにアメリカにしても、社会的強制力が弱ってきているし、人々の自己規律が緩んできていることは確かである。これはアメリカが国家として衰えている証左であろう。

日本のクレディビリティを毀損した東芝事件

それでは日本はどうか。日本はそもそも国家としての自己規律など持ち合わせていない。日本経済を何とかしようと、世界の中央銀行がどこもやっていないETFの直接購入という愚を犯したとき、日銀OBは驚愕したのではなかろうか。「日銀の信用（クレディビリティ）を地に堕とした」と。

日本政府と日銀の失敗の本質は、潰れるべきものは潰さなければいけなかった、ことに収斂するのだろう。

アメリカのような狩猟民族が回している国家と、日本のように同じ顔、同じ黄色い肌をもつ民族が仲好しごっこをしている国家との違いはそこで、日本はとにかく駄目なものをばっさり切れないので、何事も長引かせてしまう。

ゾンビ企業の存在とはまさにそういう日本の国柄を表しているし、日本経済の足を引っ張っているのもそこなのである。これでは決して経済は良くならない。

歴史上、日本がいちばんひどい目に遭ったのは先の戦争であるのは論を俟たない。あの戦争についての反省、総括を、日本政府はきちんと行ったのだろうか。

戦勝国が行ったセレモニーとしての東京裁判は別にして、日本が〝国家〟として裁いて牢獄に送られた軍人幹部はいたのかといえば、いないのである。できそこないの参謀本部、幕僚たちの判断、命令で何十万人の兵隊が無駄に死んでいった。彼らに対する責任追及は実に曖昧であった。

とにかく日本という国は総括が足りないし、自己規律もそうとう緩い。みんなお友達感覚である。

原発事故後の対応にも、それが如実に見てとれる。まるっきり総括なし。社会的強制力や自己規律が弱ってきたとはいえ、アメリカならば関係者はまちがいなく全員が牢獄へ直行であろう。

トータルで100兆円近い大損害を国に与え、地元民数万人を路頭に迷わせたにもかかわらず、誰も総括を行おうとしない。総括を行ったような顔をしているが、国民全体の議論にはまったくなっていない。

私にはそんな日本がこれから世界でいちばん良くなるとか、世界でいちばん好まれている国だとか、これから先日本経済は明るいとか言う人の気が知れない。

世界のモノサシで考えてみたら、日本はとんでもない国という評価が妥当であろう。

経営破綻寸前に追い込まれている東芝が話題になっている。長らく粉飾決算が行われていたらしく、結局、東芝は優良企業ではなかった。イメージだけの優良企業だったことになる。

東芝問題でいちばん重要なのは、日本という国に対するクレディビリティが大きく揺らいだことにある。ここでも現時点では誰も牢獄へ行ってはいない。

先にもふれたように、アメリカでは東芝同様の粉飾決算で、2001年にエンロンという巨大企業が破綻している。当然ながら、インサイダー取引や虚偽の会計報告にかかわった元CEOや元会長は逮捕された。

東芝事件とエンロン事件の対応ひとつとっても、日本という国の国柄が見えてくる。

日本はその程度の国なのだと、世界から思われても仕方がない。

ということは、いま悠々としている日本企業も危ないのではないかと疑惑の目で見られている可能性は否定できない（原稿執筆中、日産と神戸製鋼の問題が露見した）。

したがって、東芝事件は日本に大きなクレディビリティの傷を負わせたという意味で、きわめて罪深い。政治家にもそうした自覚を強く抱いてほしい。

日本では東芝事件のような粉飾決算をめぐる事件はたびたび起きている。これ以上日本のクレディビリティを毀損《きそん》しないように、次にこうした事件が発覚したとき、日本の首相はリーダーシップを発揮すべきである。

経営の失敗といった生やさしい認識でなく、国家に対する犯罪、日本の名誉と信用を損なったという認識を持って検察を指揮し、徹底的に犯罪として追及すべきだと思う。

日本人が怒らなければ日本は離陸できない

先の総選挙の結果を顧みて、私の正直な感想は、日本だけが世界の先進国の流れとは異なり、まだまだ日本人の大半は政府に対して激しく怒っていないのだなというものであった。

なぜだろうか。やはり日本人のＤＮＡにはお上への反発心の弱さが刷り込まれているのかもしれない。

政府は公約違反を堂々と行って、国民の年金をどんどん削っている。政府自民党は２００４年の年金法改正時において、「１００年安心年金」の仕組みができたと胸を張っていた。

100年安心年金の中身は、100年後であっても現役の平均手取り収入の50％の年金給付水準を確保するというものであったが、いまはそんな約束はなかったかのような顔をしている。消費税の引き上げ時には、「100年安心年金」を守るために消費税を上げると自民党は主張したのだが、公約はまったく反故《ほご》にされた。アメリカなら即暴動のところを、日本では大半の国民が、「しょうがないな」と溜息《ためいき》をつくだけである。

それでも自民党が政権を失わないのは、日本人の大半が怒りを忘れてしまったからであろう。日本が本当に良くなるためには、国民全員が怒らなければならない。そして、怒るためにはみながとことん悲惨な目に遭わなければならない。

大半の日本人はそこまでひどくないところで、「こんなものか」と辛抱している、あるいは諦めている。アメリカのプアホワイトのように、凄まじい不満が怒りに点火することはない。加えて、日本にはアメリカのFOX（FOX News Channel）のようなニュース専門放送局がないことも大きいのではないか。

大仰ではなく、FOXがトランプ革命を起こしたのだと、アメリカ人は認識しているし、私もそう思っている。

プアホワイトを扇動して政府批判キャンペーンを起こすようなメディアは日本には見当たらない。第3章でもふれたけれど、大手メディアのみで組織化された事実上のメンバーシップ制

「記者クラブ」は官邸にギュッと首根っこをつかまれている。

消費増税の議論の際には、新聞に対する消費税の軽減税率の適用と引き換えに、政治献金や選挙協力を行うなど、自民党との癒着が伝えられている。

このていたらくぶりでは、この国のメディアは国民の怒りをかきたてるような存在にはなれない。ＦＯＸのような扇動者的メディアが出現してくれば面白いのだが——。

それが望めないのなら、怒らない国民がどれくらい悲惨な目に遭えば怒るか、ということになる。きわめて残酷な物言いなのだが、そうなったときに初めて日本人は変わるのではないか。そういう気がしてならない。とにかく日本人はいまの低空飛行から脱するために怒らなければならない。これは壮大なる社会実験なのかもしれない。

相場も国の浮沈もそうだが、いったんどん底に落ち切らないと、本格的な離陸はできない。これが世の常なのだが、いまの日本はすべてが中途半端である。

こうした中途半端な状況を４００兆円、５００兆円ものカネを注ぎ込んでつくり上げたのはアベノミクスである。無理矢理に経済指標を釣り上げようとしたけれど、世界の波動自体がデフレだから、うまくいくはずがない。

日銀に株を買い込まれた企業の不幸を考える

これまで本書において、日銀が人為で捻じ曲げたものが2つあると述べてきた。400兆円を投じて無理矢理に為替を円安にしている実態。そして、日銀そのものが株を買っているという馬鹿げた行為である。

これに対して、金融や証券業界の連中は「よかった、よかった」ともろ手をあげて喜んでいる始末だ。彼らのポジショニングから考えれば仕方がないのかもしれないけれど、少し頭を働かせれば、これが異常かつ禁忌であることは自明の理であろう。

さらに驚くべきは、エコノミストや経済評論家の多くが日銀のアクションを評価していることだ。同時に、日本でこんな人たちがプロフェッショナルと言われていることに、私は怖ろしさを感じた。

誰も指摘する人がいないので言及しておくが、日銀が直接、株式市場に手を突っ込んで株を買うことは国家ぐるみの一種の利益相反行為であり、まやかしであり、何よりも日本の株式市場を大きく歪めてしまった。

こういうところにも、みんな仲間の国であることの緩さ、いい加減さが顕れている。

それでは日銀が株主として企業にモノを言うのかといえば、それはETFだから何も言わない。日銀に株を買い込まれた企業にしても、良いことは何もないはずだ。私が懸念するのは、企業経営の希薄化だ。本来届くべき株主の声が届かなくなるからである。

やはり日銀が積極的に動くとろくなことにならない。これはかつてもそうであったし、今回、あらためてそれを立証してしまった。

もうこれ以上、日銀には何もしないでほしいものである。

違法だった自社株買い

現在、アメリカでの自社株買いは年5000億ドル以上にもおよぶ。この数字は、アメリカが株主資本主義ならぬ「経営者資本主義」になってしまったことを表している。

1982年以前、自社株買いは「株価操縦」とされ、違法であった。自社株買いを行った企業経営者は全員牢獄行きとなった。

それをアメリカのSEC（証券等取引委員会）が、株価操縦にならないと自社株買いを認めてしまったことから、企業経営者の自社株買いが流行り始めた。

これも言ってみればまやかしで、国家がまやかしを公認したのが1982年ということになる。

日本もかつてはご法度であったが、アメリカに追随して自社株買いは合法となった。80年代ならまだしも、いまは株価と経営者のボーナスが直結する時代である。経営者による自社株買いとは株価操縦での値上がり分を自分のポケットに入れることであり、完全に犯罪だ。それが罰せられずに、トップ1％の経営者は2億ドル、3億ドルという途方もない資産を短期間で築ける時代になった。彼らは使い切れないほどのカネを持っているわけだが、こんな行為が許されるはずがない。

80年代であれば、一般のアメリカ国民は株の他にさまざまな資産運用ができた。もっとも一般的な運用法は銀行への預金で、7％の金利で銀行に預ければ、預金は10年間で倍になった。

いまは超低金利でデフレだから、そんな運用はありえない。仕方がないから、一般国民はみんな株を買うわけである。それしか資産運用の道がないからだ。株価は国民にとり資産形成における最重要の指標となってしまった。

そんな事情から、株価を上げる企業経営者が〝偶像視〟されて、必要以上の尊敬と報酬を得るようになった。

アメリカはいま、こうした支配構造になっているわけである。

日本にしてもＩＴ企業においては、アメリカの馬鹿なルールを真似て、株価との関連でボーナスをもらってウハウハしている連中がけっこういるようだ。だが、これは昔であればうしろに手が回っている手口である。

アメリカでは利益相反の倫理のところがどんどん緩んでしまい、その最高峰にいるのがトランプという男である。つまり、利益相反そのものみたいな嘆かわしい男が大統領になっているわけだ。人間の倫理、叡智が完全に壊れつつある世界、それがいまのアメリカである。これを「強欲資本主義」と呼ぶ人もいる。一般従業員の何百倍、何千倍ももらって当然とするアメリカ人経営者の神経に、アメリカという国の衰え、倫理観の衰えを見ることができる。

そして、強欲なアメリカ人経営者を真似して、日本でもよしということになりつつある。そんな国が本当に良くなるのだろうか。

世界観があまりにも貧《プア》しすぎるのではないか。

民主主義から金権民主主義へ

ユーロの先行きにせよ、ブレグジットの着地にせよ、政治リーダーたちは何も青写真を描けていないような気がしてならない。確実なのは、前面に立っているのが人間の叡智ではなく、エゴであるということのみである。

要は、みな基本的に動機が不純なのだ。

だいたい人類の歴史上、通貨同盟が成功したためしはない。通貨同盟とはまさに叡智の世界なのだ。「こうなったらいいよね」という理想を実現するわけだから。

だが、その叡智が通用しない世の中になったときには、そんな同盟はもろく崩れ去るのみであろう。それではいまのユーロはどうすればいいのか。

何とかしてこのシステムを弥縫《びほう》しながら長らえさせるという考えかたと、民主主義なるものが金権民主主義に変質してもはや崩壊過程に入っており、何をしても無駄だという考えかたに分かれるのだろうと思う。やはり駄目になる可能性のほうが強いのだろう。

これが再びアメリカが隆々とし、トランプでない人が大統領になって、1950〜60年代のごとく中産階級の実質収入がどんどん増えるならば、本来の資本主義が再生するならば、それが世界に伝播するならば、その暁には、ユーロシステムの弥縫が成功して永続することはありえる。

けれども、実際には世界中が悪い方向に向かっている。各国でエスタブリッシュメントに対する民衆の怒りと不満が澎湃《ほうはい》と湧き上がり、民主主義は危機に瀕している。こういう空気のなかでは人類の叡智で打ち立てたものはお払い箱になるしかない。

それがトランプ現象なるものである。

これから起こる既存勢力と新興勢力の相克

グリーンエネルギー革命の進展で、原油価格がどんどん下落している。これ以上地球から簒奪してはいけないというテーマだから、これには怒っている連中も同意せざるをえない。

これから起きるのは、既存勢力と新興勢力のせめぎ合いにほかならない。具体的にはこれまで繁栄を謳歌してきた石油業界や従来の自動車業界と、エネルギー革命の波に乗って台頭してきたEV専門メーカー、リチウム電池などを開発するEV用部品メーカーとの相克である。

この新旧の相克のなかでかなりの企業が沈み、潰れていくのは必至である。

そんな重大なターニングポイントの真っ只中で、東芝、日産、神戸製鋼と日本を代表する企業の不祥事が相次いでいるのは、単なる偶然だろうか。

日本の中小企業は頑張っているのかもしれないが、私が知る限り、大企業に勤めているサラリーマンにはろくな人間がいない。要はリスクテイクする発想が皆無、あるいはおおいに乏しい連中ばかりで、それはすでに就職活動時から明確に現れている。

男子も女子も学生はみな同じ色の背広やスーツを着ており、そうした姿を見て、私などは申し訳ないのだが、吐き気をもよおす。彼らは一種の去勢された集団なのだ。リスクを取らないように育てられてきた情けない若者たちである。

有名企業に入れと親に言われているのかわからないけれど、安全なところに入るために安全な格好をして就職活動に臨んでいる。他の人と違う格好をするとリスクが発生するからだ。ひたすらノーリスクテイキングに努めている。この発想が日本社会を駄目にしてきた。

これだけやっても上がらない金利

日本の話に戻ると、2018年7月に1ドル90円をつけると記したが、それ以降も円高は続く。

私は2022年に65円までいくと予測している。

アメリカ経済そのものが崩れていき、アメリカの長期金利が下がり続けるため、円安にはならない。

けれども、私の予測では2022年を境に日本はデフレ、円高のくびきから解き放たれ、超円安、株高時代を迎えることになる。

日本はいま世界最大の対外資産保有国だから、仮に1ドル100円が1ドル300円となる超円安時代が到来すれば、べらぼうに儲かること請け合いである。

インフレで困るのは庶民だけれども、海外に膨大な資産を持っている人はみんな大儲けすることになる。

財務省にしても、1ドル100円が1ドル300円の超円安になれば、凄まじい勢いで財政赤字を消すことができる。

当然ながら、政府も日銀も円安になってほしいわけである。

世界の中央銀行がなぜ何百兆円もプリントマネーを発行しているのか？　なんとかしてインフレにしたいのだ。金利を上げれば、良いインフレになるのならコントロールできると目論んでいるからだ。

それが、これだけやっても金利が上がらないところが問題なのだ。その大元のところを理解していないと、これからインフレが来てアメリカの債券が暴落するのだというような嘘ばっかりの話になるわけである。

秩序あるインフレを目指す中央銀行？

アメリカの投資銀行家で国防総省などのアドバイザーを務めるジェームズ・リカーズは著書『ドル消滅』（朝日新聞出版）のなかで次のように書いている。

……中央銀行がゴールド市場を操作する動機は、使われる手法と同じくらいとらえにくい。中央銀行は、政府債務の実質価値を低下させ、貯蓄者から銀行に富を移転させるためにインフレを望んでいる。だが、中央銀行はゴールドの価格を抑え込む努力もしている。この2つの目標は、折り合いをつけにくいように思われる。中央銀行がインフレを望むなら、そしてゴールド価格の上昇がインフレをもたらすなら、中央銀行はなぜゴールド価格を抑制するのだろう。

答えは、中央銀行、主としてFRBはたしかにインフレを望んでいるが、無秩序なインフレではなく秩序あるインフレになることを願っているということだ。人々に気づかれずにすむよう、徐々にインフレになってほしいと思っているのである。

ゴールドはきわめて変動が激しく、大幅に値上がりすると、インフレを高める働きをする。FRBとBISがゴールド価格を抑制するのは、それを永遠に抑制し続けるためではなく、貯蓄者がインフレに気づかないよう、ゴールド価格の上昇を秩序あるものにするためだ。

中央銀行は、母親の財布に50ドル入っていることを知って、気づかれないよう1ドルずつ盗む少年のように行動しているわけだ。20ドルとったら母親は当然気づき、自分はお仕置きされるということを、彼は知っているのである。

年率3％のインフレはほとんど気づかれないが、それが20年続いたら政府債務の価値は半分近くに下がる。このようなゆっくりと着実に進むインフレが中央銀行の目標なのだ。ゴールド価格を下方に操作することによってインフレ期待を管理するというのが、FRB議長、アーサー・バーンズが1975年の極秘メモでジェラルド・フォード大統領に与えた操作の論理的根拠だった……。

だが、デフレ潮流にもがく中央銀行は、目標である秩序あるインフレの実現どころか、自国通貨の信認に対して神経質になっているほど汲々とした姿を見せている。

勢いづく仮想通貨市場

仮想通貨市場の拡大は中央銀行に対する不信のあらわれであろう。

要するに、中央銀行が頼りないというか、自分たちの都合で滅茶苦茶にマネーをつくり出しているので、それに対する「揺らぎ」が仮想通貨という形で生まれてきたわけだ。

中央銀行がコントロールできない世界、それが仮想通貨市場ということになる。

中央銀行不信のあらわれがひとつ。もうひとつ、各国の中央銀行がこのところ積極的にゴールドを買い増して保有量を増やしており、これはあることの証明でもある。

中央銀行は自分たちの通貨の脆弱さを自覚しているのだと思う。その脆弱さを糊塗するために、ゴールドでなんとかして裏付けを高めようという意図で、買い漁っているわけである。

先の『ドル消滅』のなかでリカーズは、「世の中は完全にデフレで、みな一生懸命にインフレにしようとしているが、どこかの場面で、ゴールドが途方もなく上がるのではないか」と予測している。

1930年代のアメリカの大デフレのときに、ゴールドの切り上げ、つまりドルの切り下げが実施された。1トロイオンス20・4ドルから35ドルに。これはデフレに対抗するためになんとかインフレにしようと試みたのである。リカーズは、ある日、1トロイオンス7000ドルにするという具合に、アメリカが追い込まれるのではないかと予測していた。現在は1300ドル。要するに、中央銀行はまったくクレディビリティを失いつつあるということだ。自分たちが競って金を買い漁っているのだから――。

通貨が隆々としているときにはゴールドなど要らなかった。それで中央銀行は保有金をけっこう売却していた。EUが船出するときも、参加国の中央銀行はゴールドをせっせと売ったのだが、それらは失敗であったというわけである。

一方では、中国がものすごい勢いでゴールドを買っている。4000トンの保有とも言われている。そのあたりはアメリカがそのうちに準金本位的な通貨政策に変更しようと画策していることを中国もわかっている証左であろう。しかも、中国は産金国である。

アメリカのデフレ傾向がさらに強まってきたら、ゴールド価格は凄まじい上昇気流に乗るのではないか。

不思議なことに日本だけがゴールドを買っていない。

逆転の発想

ＧＤＰにおいて先進国と新興国がほぼ拮抗《きっこう》する段階にきたそうである。あと20年すれば、新興国８、先進国２に大逆転する。そんな予測がなされているという。

これが世界経済にどういう影響をおよぼすのか考えておかないといけない。

問題は、いまの新興国は中国を除き、自国で貯蓄を生み出すパワーがないことだ。何かプロジェクトを行うのにすべて外資導入形式になってしまう。それではやはり弱いわけだ。いまのようにクレジットがふんだんにあるときは問題ないのだが、これからクレジットが収縮してくる時代に入ってくると、新興国は心許ない。

逆にそういうときには、日本のように圧倒的に貯蓄のある国は強いわけである。

１９９７年のアジア通貨危機の際、タイに始まり韓国までもがＩＭＦの指揮下に置かれ、跪《ひざまず》く羽目になったが、いまもアジアの新興国にはそのリスクは常に存在している。

そうならないよう、彼らもバランスシートを改善してはいるけれど、やはり自国からジェネレイトするパワーが乏しいわけで、私は先のＧＤＰについての予測には少し懐疑的だ。

世界全体のカネ余りがあるうちは、新興国でもなんとか回っている。

日本は世界のカネが余ろうがそうでなかろうが、ふつうに回っていく。日銀が余計なことをやるだけである。

ただ、日本は国民がべらぼうにカネを持っている。

だから、財政赤字がこれだけ巨大であっても問題はないわけである。

いっそのこと日本は金利を上げるべきではないかというのが、私の考えである。これをやると当然ながら、ゾンビ企業は生き残れなくなる。そして、一般国民は資産の再投資ができるようになる。仮に5％の金利になったら、940兆円の預貯金が猛烈な勢いで増え始める。どうでもいい企業は潰す。国民の資産は高回転し始める。ますます国民は豊かになり、消費はどんどん増えるという好循環が生まれると私は考えている。

つまり、デフレの世界は〝逆転〟の発想でいくしかないということである。

日銀と政府が打つ、姑息かつ日本の名誉と信用を毀損するような政策ではどうにもならない。日銀が異次元緩和を打ってもう4年以上が経ったけれど、目立った成果は得られず、言い訳に終始し、完全に袋小路に入ってしまった。

ならば一気呵成《かせい》に逆転の発想で金利を上げてみるのである。

第6章

やがて超ユーロ高、ドル安、円安の時代がやってくる

非現実的なＩＴビッグ５の株価

周知の通り、ＮＡＳＤＡＱにはＩＴ・ハイテク株が数多く揃っているのだが、なかでもＩＴビッグ５の時価総額がとんでもないことになっている。

Apple（アップル）、Alphabet（アルファベット＝Google）、Amazon（アマゾン）、Microsoft（マイクロソフト）、Facebook（フェイスブック）。この５社を足すと２兆９０００億ドル、およそ３２０兆円の時価総額となる。

トランプラリーの序盤はウォール街とトランプの関係から金融株がはやされたり、インフラ特需が訪れるから建設株が伸びるとかの思惑からどっと買われたものの、いまではまったく勢いが萎んでしまっている。

その代わりにＩＴビッグ５株が凄まじい勢いで上がってきた。時価総額の大きい株が急騰すると、インデックスに与える影響も半端ではない。

けれども市場関係者のなかには、さすがにＩＴビッグ５の快進撃はいつまでも続かないといった懸念も垣間見えている。

２０１７年５月末から６月にかけて、アマゾンかアルファベットかどちらが先に株価

主要ITハイテク株の推移（16年12月末＝100とする）

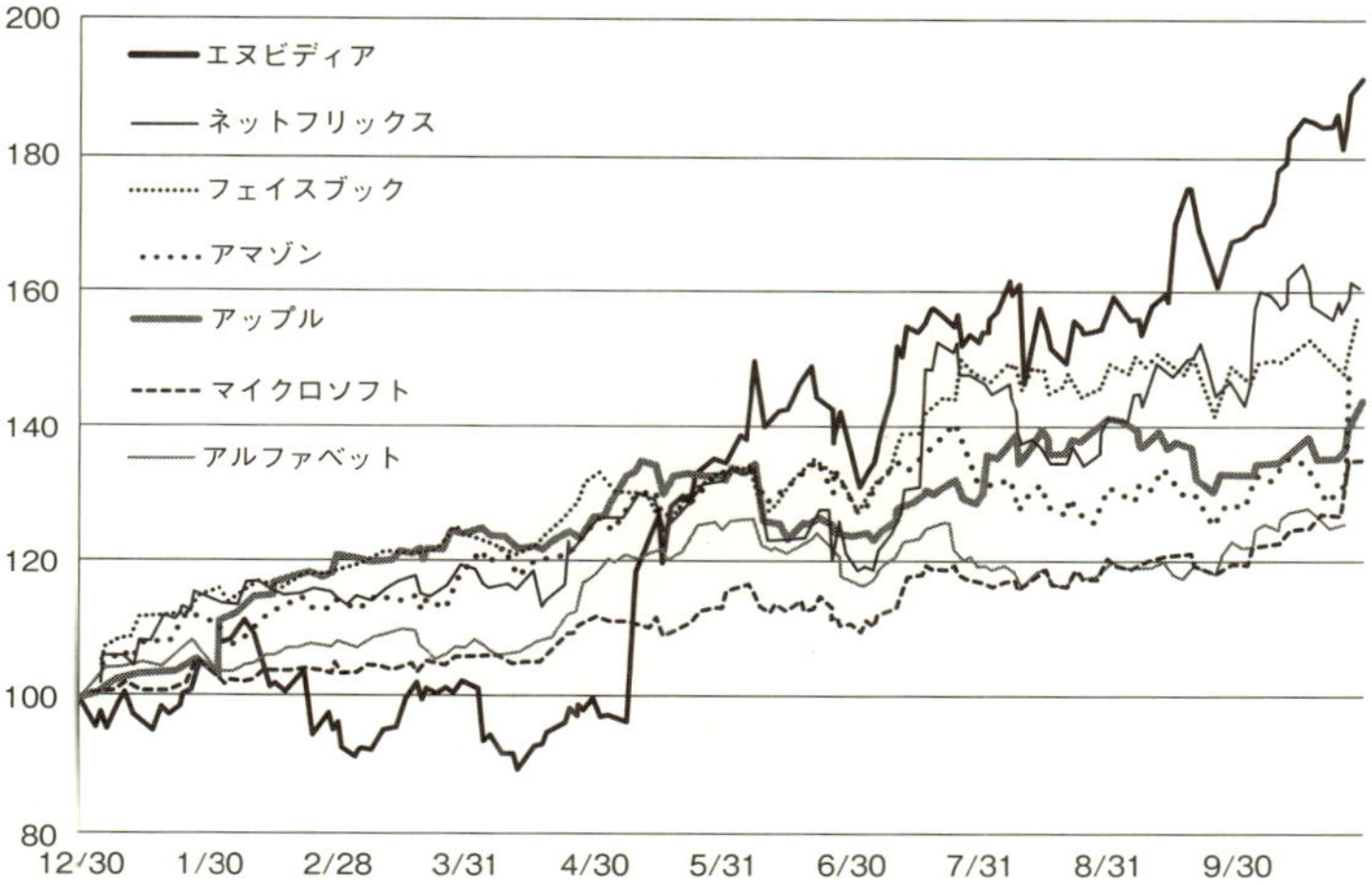

出所：トムソンロイター

1000ドルを超えるか、熾烈《しれつ》な競争になった。それでアマゾンが一足先に超え、4日後にアルファベットが1000ドル超えを果たした。

アメリカの株価1000ドルはイメージ的には日本の株価2万円だから、それ以上上がったら誰が買うのかみたいな感じである。2017年11月3日現在では、アマゾンが1100ドル超、アルファベットは1030ドルといまだに競り合っている。

とにかくITビッグ5のもてはやされかたが凄すぎるところが私には怖く、かなり危ないと思っている。

ただ、このITビッグ5の収益水準、利益水準は文句のつけようがないほど高く、このロジックに誰もが対抗できない。

しかしながら、他方ではこうしたロジックも存在する。アマゾンのＰＥＲ（株価収益率）は１３０倍だ。ということは、１３０年分の利益を先取りしているわけである。たしかに素晴らしい業績を叩き出してはいるけれど、はたしてＰＥＲ１３０倍に値するのか、アマゾン株が本当にそんなに買われてもいいのかという疑問がとめどなく湧いてくる。

ちなみに日本企業のＰＥＲは概ね14～16倍でしかない。

ＥＶのテスラについても、同じような疑念が湧くのを禁じえない。

２０１７年第２四半期は過去最大の赤字を出したにもかかわらず、株価は上昇し続けた。販売台数ではＧＭの１００分の１以下なのに、株式市場においては自動車メーカー銘柄において相も変わらずテスラの時価総額は自動車ビッグ３を上回り続けている。

常識が完全に無視される世界をつくった中央銀行

ＩＴビッグ5にしても、テスラにしても、なぜそこまで株価が高いのかといえば、マネーの行き場がないからだろう。

資源バブルで膨らんだマネーは、本来ならば、資源バブル破裂直後にあからさまに縮小していくはずである。ところが、それが減らない。信用（クレジット）で維持しているからだ。そのクレジットとは、プリンティングマネーをはじめとする中央銀行が講じるさまざまな金融緩和策である。

だが、これからは違ってくる。ＦＲＢが資産縮小へ舵を切るため、流れは〝逆回転〟し始める。本来ならばマネーが減って当然のところをクレジットで何とかもたせてきたのだが、今後はクレジットを縮小（スクイーズ）してくるわけで、確実にマネーは減ってくる。

これは株価が確実に下落することを意味する。いまの株価を維持するために過剰なクレジットをとっているところがいっぱいある。それがレバレッジだ。彼らのレバレッジが落ちる。落ちざるをえない。

どうしようもないカネ余り現象がＩＴビッグ５株やテスラ株に向かったが、そのカネ余り現象も、また、まやかしのものであった。それは本来の経済の姿に立ち戻るときにすべて剥《は》げ落ちるはずである。

そうなると本来の企業価値が露呈することになる。したがって、アマゾンのＰＥＲ１３０倍は妥当ではなかった。あるいは、月産1万台にも及ばないテスラの時価総額がＧＥを上回っているのは妥当ではなかった。あの株式市場の熱狂は何だったのかと、投資家、市場関係者はみな夢から醒め、我に返るに違いない。

これまで常識が完全に〝無視〟される世界が続いてきた。

なぜそうなったのか。中央銀行がそういう世界を創造してしまったからにほかならない。

だから、バブルが起こっては破裂する、それが繰り返されてきた。中央銀行が不自然にマーケットを支えようとするからだ。

世界がデフレ経済であることをみんながきちんと理解するまで、何度も何度も神意はバブルを破裂させる。

神意なきイエレンの人為に大局観はない

いま、FRBが金利を上げようとするなか、どんどんアメリカの長期金利が下がっている。これについて日経新聞などは特集を組んだりしているが、確たる結論には達していない。

よく講演会後の質疑応答の場で、参加者から訊ねられる。

「なぜ長期金利が下がるんですか？　アメリカの景気が良くてFRBが短期金利を一生懸命上げているのに、なぜ長期金利が下がるんでしょう？」

はっきり言って、わからない。けれども現実には長期金利は下がっている。第1章で示した米国10年債利回り四半期足のチャートの動きが今後の世界経済を、世界のマーケットを見るいちばん大事なポイントではないかと私は考えている。

ＦＲＢが金利を上げるということは、私の解釈では人為、人間がすることである。ＦＲＢ議長のイエレンをはじめとするオジサンやオバサンたちがアメリカの金利のサジ加減をしているわけである。

長期金利とは何か？　私の解釈では神意である。要するに人間が決めているわけではなくて、相場がそう告げているのだ。

債券相場がどんどん上昇しているのは、誰かが大量に買っているとか、誰かが売ったのを一生懸命に買い戻しているようなことも考えられるけれど、要は大きなトレンドだと捉えるべきなのだ。

前出22ページのチャート①を見ればわかるように、米国10年債利回りがもっとも高かったのは１９８１年9月で、驚くなかれ15％以上にもなっていた。そこから四半期足で利回りを見ていくと、31四半期の移動平均に頭を押さえられながら、金利は下がりに下がり続けているわけである。

直近で31四半期の移動平均の壁にぶち当たったのが、２０１６年12月15日の2・639％。あのときはみな「トランプラリー（トランプの勝利をきっかけに世界の株式相場が上昇基調となったことを指す）だ」とはしゃいでいたけれど、そういう人為的なアクションは別として、長期金利（神意）の動きを見ると、31四半期の移動平均線にぶつかって、高値をつけてもきっちりと下がってきているわけである。

したがって、２０１６年の12月、２０１７年の1月に　若干上昇したとはいえ、やはり大きな流れは変わっていないと考えるべきであろう。

アメリカの長期金利は、天井をつけた81年9月から40年半後の２０２２年まで下がり続け、そこで初めてアメリカの長期金利は〝上昇〟に転じるとチャートは示しており、これがすなわち私の描く相場観でもある。

現在この31四半期の移動平均は2・31％ぐらいにあり、基本的には長期金利を下げる流れにぴったり沿っている。私の予測はまったく狂ってない。いくらＦＥＤが頑張ろうが長期金利は神意なのである。人為で神意はごまかせないということであろう。


アメリカの中央銀行であるＦＲＢ（連邦準備制度理事会）のジャネット・イエレン議長の任期満了は２０１８年2月。彼女が留任するかどうか、あるいは新たな議長が生まれるのかに注目が集まっていた。

後任候補として、下馬評にはゴールドマン・サックス前社長のゲーリー・コーン、スタンフォード大学教授のジョン・テイラーなど数名が浮上していた。彼らはトランプの掲げる３％経済成長は可能だと主張する立場である。つまり、人為でアメリカ経済を動かせると考える人たちにほかならない。

一方、2017年10月にスタンレー・フィッシャーFRB副議長が辞職した。彼はかねがねトランプが進める金融規制の緩和に批判的で、「実に危険できわめて近視眼的だ」というコメントを発し続けていた。

トランプがケビン・ウォーシュ元FRB理事、ジェローム・パウエルFRB理事などに面会したことについては、その都度メディアが伝えていた。

私がご免被りたいと思っていたのは現ニューヨーク連銀総裁のウイリアム・ダドリー。彼はスラングで言うとトランプなみのmoron（バカ）。先般、民主党のエリザベス・ウォレン上院議員に召喚されて議会の公聴会でとっちめられていた。

本書を執筆中の11月2日、FRB次期議長にパウエルが指名されたというニュースが飛び込んできた。新大統領が前政権下で指名されたFRB議長を交代させるのは40年ぶりのことだそうだ。

いずれにしても誰がFRB議長になっても同じで、人為でアメリカ経済の凋落《ちょうらく》を食い止めることは不可能、如何ともしがたいと私は考えている。

アメリカの景気減速とともに下落していく原油相場

原油の相場にも完全に神意対人為の図式が横たわっている。ＯＰＥＣが一生懸命減産し、何とかして相場を上げようとするのだが、他方にはシェールオイルをどんどん増産する勢力がいて、結局、相場は下がってしまう。神意は下げだということだけは明らかなのである。神意は下げなのだけれど、それを必死に人為で抑えようとしているのが、昨今の原油市場の現状だと思う。

こうした潮流は、所詮、40年半資源バブルを続けてきた相場が5年や10年ですぐ元のバブル状況に戻ることはありえず、20年、30年は下落し続けることになるのではないか。私はそう考えている。そうしたなかで年足を見ると、まず55ドル以上は考えられない形である。つまり戻っても55～60ドルの間までであろう。

チャート⑥（ＮＹ原油先物月足　２０１７年11月9日）を見てみよう。

２００８年7月の大天井１４７ドルからの下げ54度チャネル（グレーゾーン）の上限が57～58ドルまで降りてきており、まずこのレベルを抜くことは難しい。いったんこの上限にタッチすると、相場急落が待っている。

また2008年12月の底値32ドルからの黄金分割三角形上限も57〜58ドルに位置しており、これを上に抜くのも難しい

年足で見ると上が55ドル、下が39ドルぐらいであろう。その39ドルを下に抜けてしまうと、20ドルあたりの線まで向かってしまう可能性があると思っている。

アメリカ経済の実相はそれを補強するものだ。2017年第4四半期から、アメリカ株は非常にヴァルナラブル（傷つきやすい）な場面に突入、基本的に景気の悪い方向へと舵が切られていく。

2009年から続いてきた戦後2番目の長期景気拡大がようやく終わり、来年になるとアメリカの景気は大きく腰折れする。したがって、アメリカ株もガクンと落ちるし、アメリカの長期金利もゼロ%に向かって下落を続けることになる。当然ながら、原油相場も落ち目になると考えざるをえない。

その暗転は2014年の資源バブル崩壊から始まっているわけで、これからはサウジアラビアが苦しむ数十年が待っているはずである。

いい思いをしてきたら、必ず悪い思いが待っているというのが経済であり、相場の世界の宿命であるからだ。

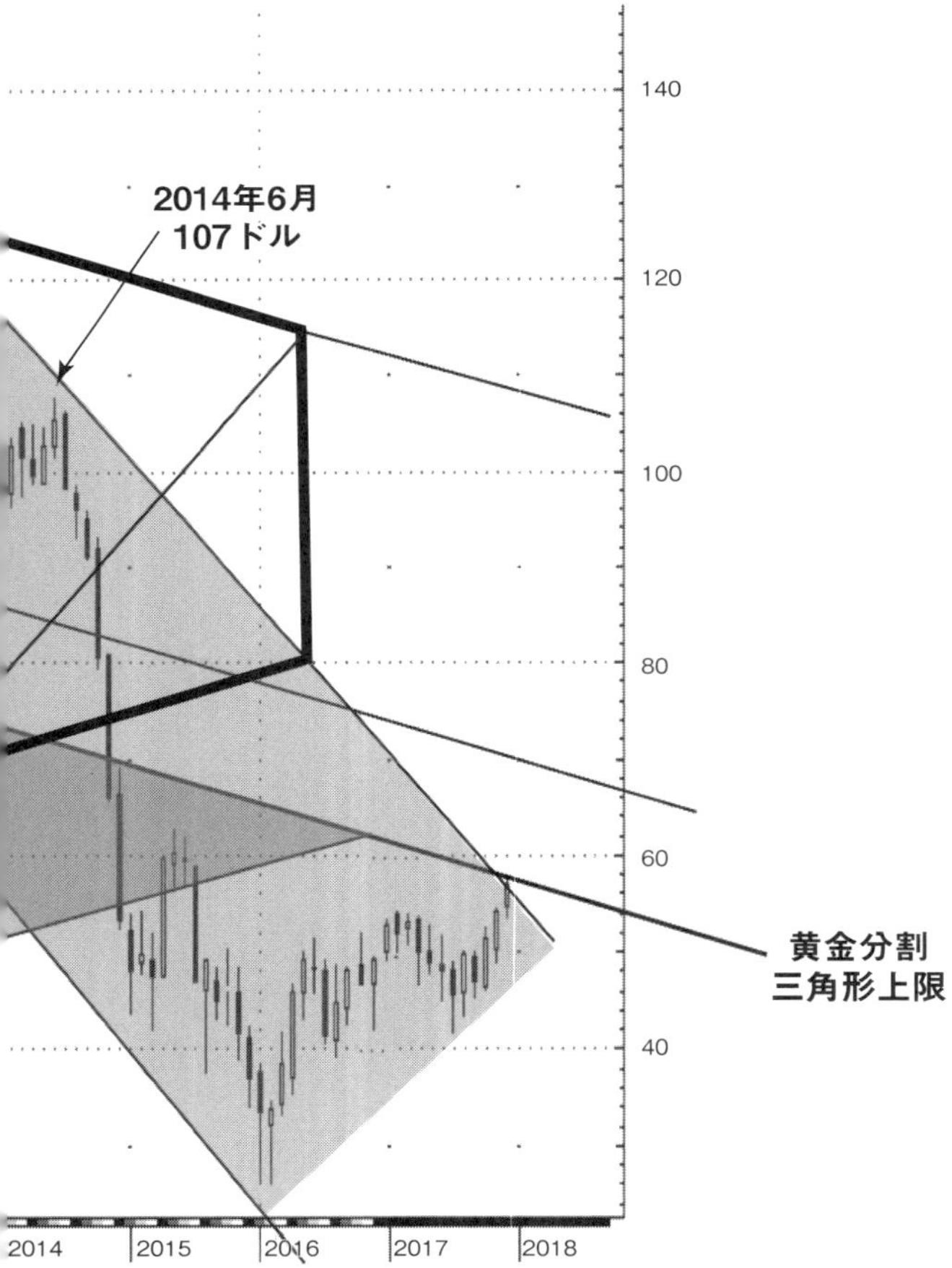
140
120
100
80
60
40
2014年6月
107ドル
黄金分割
三角形上限
2014
2015
2016
2017
2018

チャート⑥　NY原油先物月足（2017年11月9日）

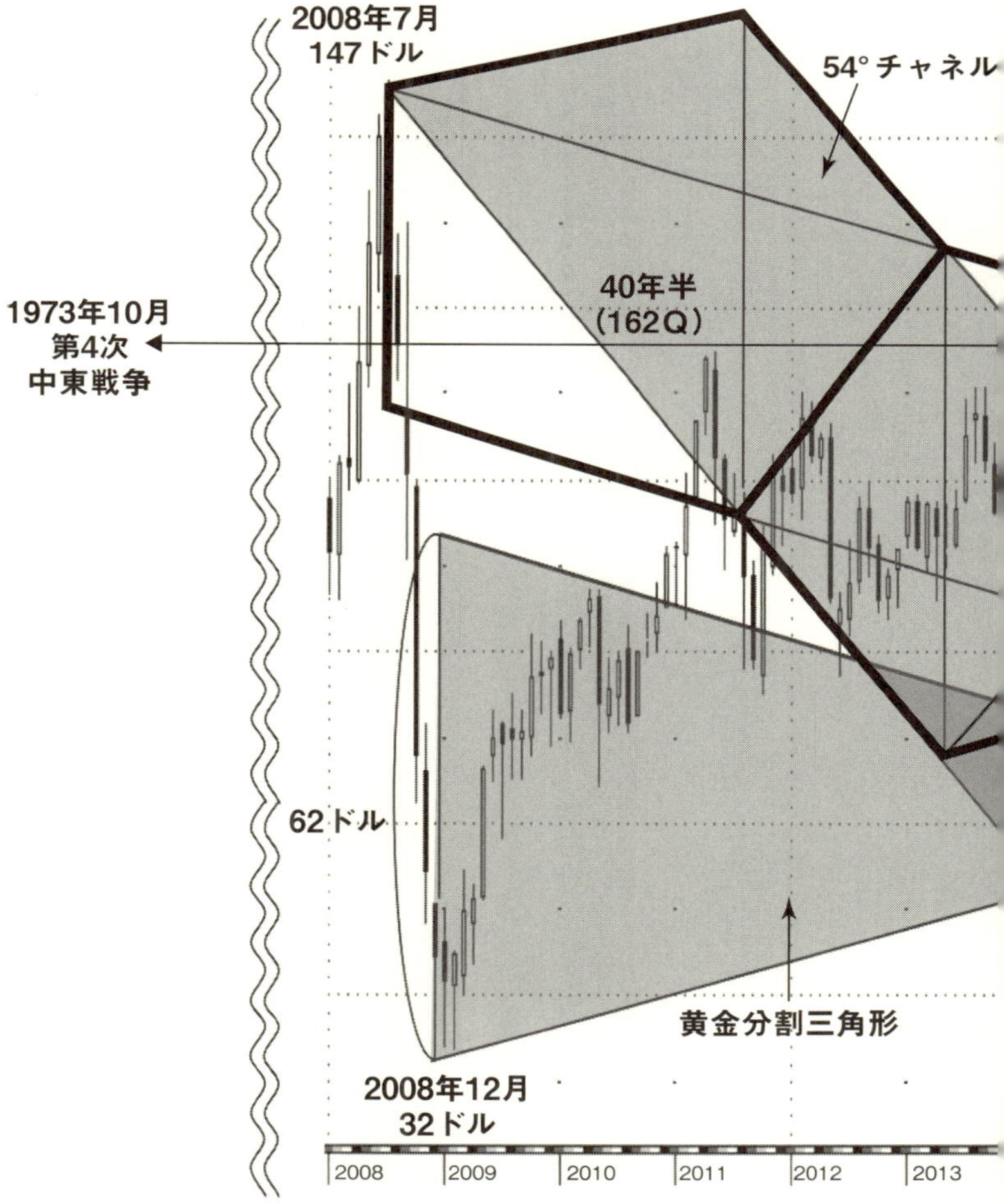

ということで、原油が安いなか、サウジアラビアの国営石油会社サウジ・アラムコの上場のタイミングが非常に難しいものになっている。こうした典型的な資源国はいったん流れが暗転すると、とことん国勢が落ちていくのではないだろうか。

アラムコにしても、とんでもなく相場が悪いところで上場してしまい、予定していた上場益が得られないといったケースもありえるだろう。

資産デフレが進むときほど上昇するゴールド価格

デフレ期に相場が上昇するのはゴールドのみと断言していい。

インフレでゴールドが上がると誤解している人がニューヨークにも大勢いて驚いたことがある。その誤解の元は、1980年当時のインフレ時にゴールド価格が上がったことに集約されよう。このときは1980年1月のソ連のアフガン侵攻を受けて上昇したのだが、きわめて一時的な現象にすぎなかった。

さらにさかのぼれば1970年代、オイル・ショックのなかでゴールド価格が高騰した経緯もあったため、ゴールドはインフレに強い資産というイメージが定着したが、本当にゴールドの価格が値上がりするのはデフレのときである。

特に資産デフレが進むときほど、ゴールド価格は上昇する。世界大恐慌のときもそうだったし、最近ではリーマン・ショック後にもっともゴールド価格が上昇している。

今後、世界デフレの進行と共に、アメリカ株が大きく調整することを考えると、やはりゴールドの出番であろう。２０２２～２０３３年までには、１トロイオンス＝２７００ドルまで上昇するのではないか。ゴールドは重要なので四半期足と月足の２つのチャートで確認してみる。

チャート⑦（ゴールド四半期足　２０１７年11月11日）を見てもわかるように、ゴールドは25年サイクルに沿って動いており、前々回のサイクルボトムが１９７６年で１００ドル、前回のサイクルボトムが１９９９年で２５２ドルであった。

次の25年サイクルボトムは２０２５年あたりである。

この25年サイクルには小サイクルが３つある。一発目のサイクルは８年半でボトムを見た。１９９９年８月の25年サイクルボトムの２５２ドルから急上昇して１０００ドルをつけた後、２００８年10月に６８１ドルまで落ちた。これが３つのサイクルの最初のものである。

その後、そこからまたどんどん上昇して、２０１１年９月に１９２０ドルをつけ、それが２番目のサイクルの天井であった。

そこからまたズドンと落ちて、月足でみるごとく、２０１５年の12月に向けて１０４５ドル

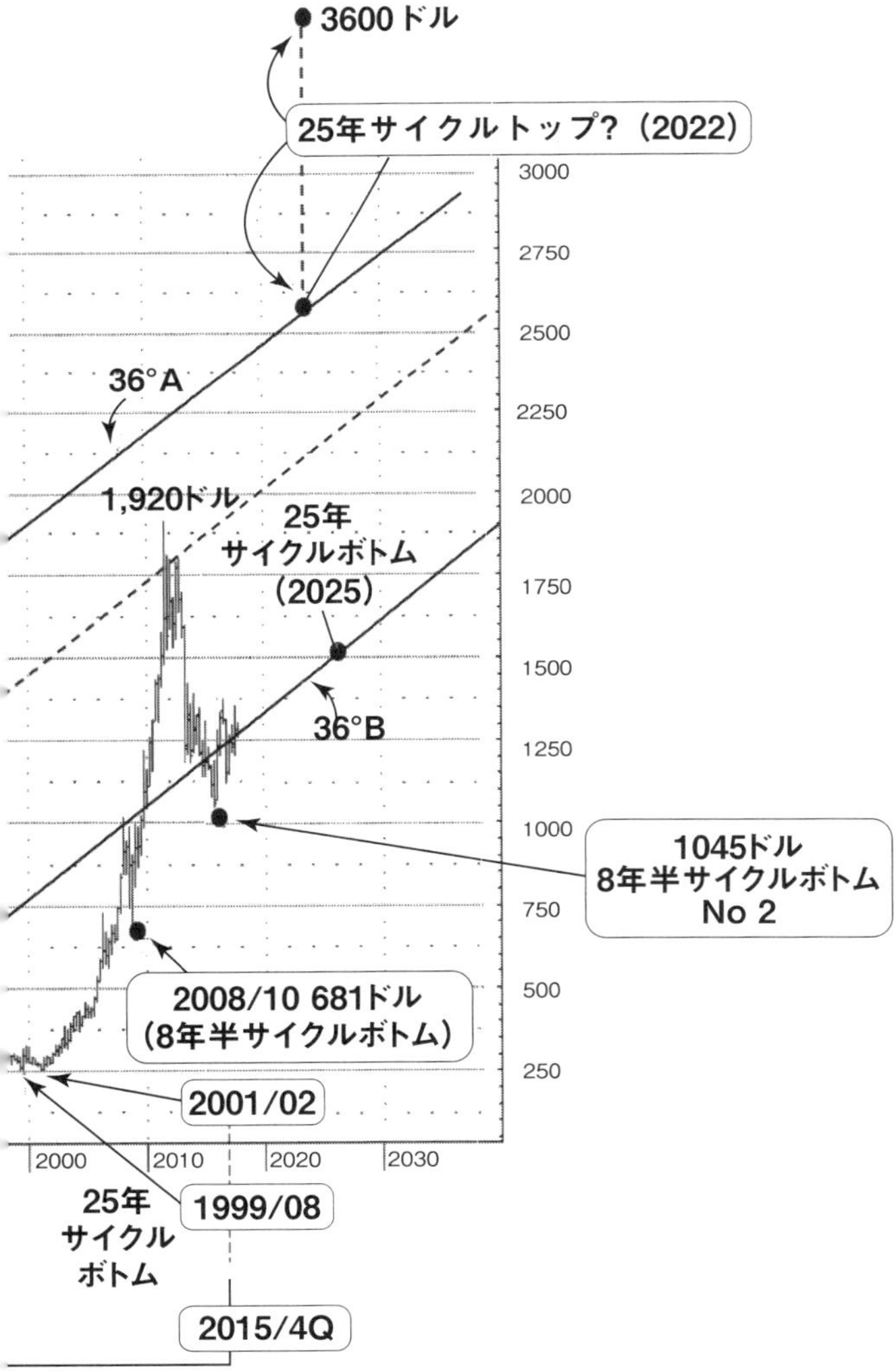
3600ドル
25年サイクルトップ?（2022）
3000
2750
2500
2250
2000
1750
1500
1250
1000
750
500
250
36°A
1,920ドル
25年
サイクルボトム
（2025）
36°B
1045ドル
8年半サイクルボトム
No 2
2008/10 681ドル
（8年半サイクルボトム）
2001/02
2000
2010
2020
2030
25年
サイクル
ボトム
1999/08
2015/4Q

チャート⑦　ゴールド四半期足（2017年11月11日）

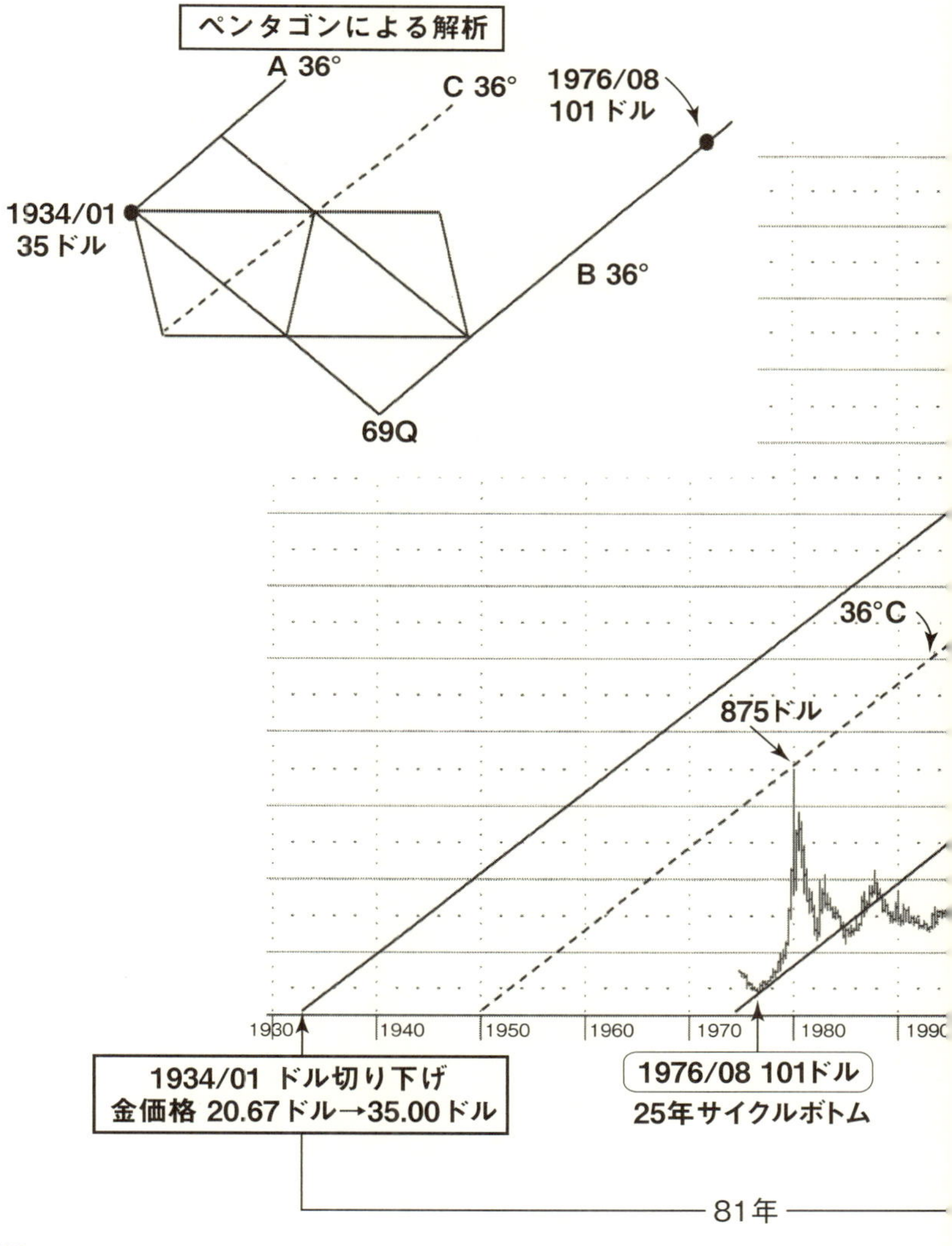

チャート⑧　ゴールド月足チャート
（2017年11月9日）

まで落ち込んでいった。それでこのスーパーGT下限のラインに引っかかった。これが2番目のサイクルボトムである。

ということは、四半期足のチャート⑦でもわかる通り、われわれは今3つめのサイクルに入っているところである。2015年12月の1045ドルから次の8年半サイクルが発生してドーッと上がって行き、最後に2025年のボトムに向けて落ちるという構図になっている。

コモディティ相場は一般的には、いちばん最後のサイクル（この場合はいまいる3番目のサイクル）がもっとも強烈に価格が上がるという特徴を備えている。

したがって、前回の天井だった1920ドルなどは軽く超えてしまう。月足チャート⑧を見る限り、天井1920ドルからのゴールデントライアングル上限の1600ドル台超えが結構しんどいかもしれないから、2018年はこの1600ドル台までで終わるかもしれない。

けれども、私の予想通りデフレがどんどん進行するならば、2022年、2023年に向けてゴールドはガンガン上がっていくに違いない。四半期足の表では、それこそ3000ドルに到達する可能性を秘めている。

その代わり、そこで天井をつけると、これは3番目の小サイクルの天井であり、デフレ5年サイクルの天井となるわけだから、必然的にサイクルボトムの2025年に向けて大暴落していく。

日本のディーラーとか専門家とか言われる人たちはサイクル理論の基本がまったくわかっておらず、始終おかしなことを言っているが、ゴールドは本来、こうした25年サイクルで動いていることを理解していただきたい。

株価とともに暴落するアメリカの長期金利

米国10年債（トレジャリーボンド）の利回り、つまりアメリカの長期金利に話を戻そう。

米国10年債先物年足チャート⑨を見ると、相場はたしかにいいのだが、まだ天井（金利の底）を見た形にはなっていない。底値から100上げてここから18度線を落とすと、ここが黄金分割三角形の上限となる。其の黄金分割三角形の上限の150に当たると、相場はまず終わる。

世間が騒いでいるように、いまからインフレで金利が暴騰するのではなく、まず最初にデフレで大きく金利が下がれば、金利が上昇する局面がやってくると私は考えている。はっきり言えば、マイナス金利あるいは同等の金利水準を踏まない限り、この金利下げ相場は終わらない、とチャートが示しているように見えるのだ。

前回でいちばん低かったのは1・31%だったが、次回は1・30%を切って、ゼロに限りなく近づいてくるような流れではないか。

チャート⑨　米国10年債先物年足（2017年11月15日）

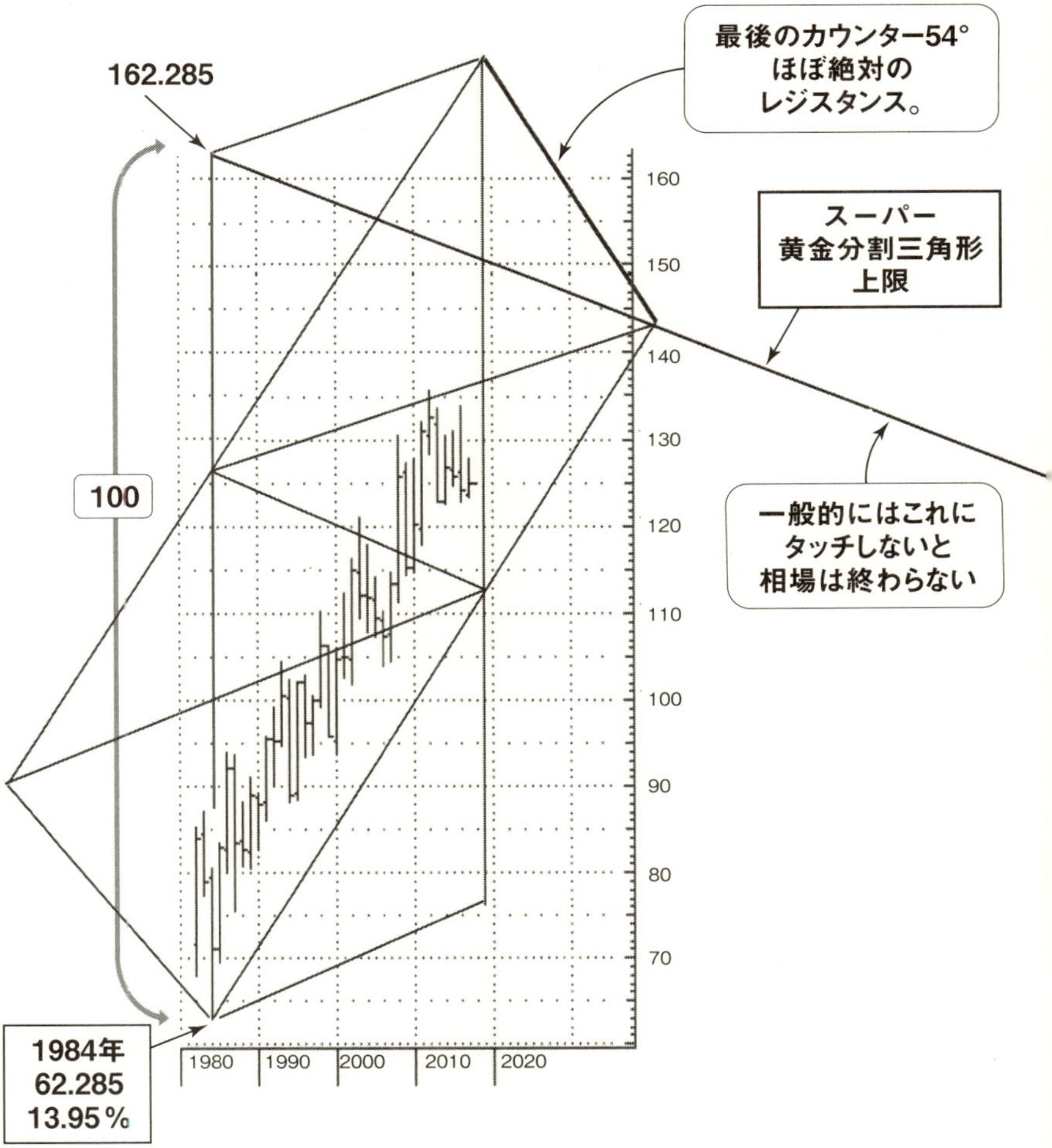

このチャートを見ると、おそらく2018年には140を超えるようなチャートの形に見えており、2018年の7~8月には1・4~1・5%までの金利低下が見込まれる。

ドル円の底が90円になる方向に向かう中で、ドルが底をつくタイミングが2018年の7月あたりなので、そこに向かってアメリカの長期金利もどっと下がると私は考えている。

目先は2018年の7月に向けてアメリカの長期金利は急激に低下していく。その背景にはアメリカの第15景気循環が過渡期に完全に入り、持ちこたえても今年いっぱいで、来年からは景気循環が完全に下向きになることがある。それを受けて株価は急落するはずだ。しかし大局相場観では2022年まで金利低下は続く。

ユーロ高が証明するドルの弱さ

ここからはドル円以外の為替を見て行こう。

チャート⑩（ユーロドル月足　2017年11月9日）を見ると、2017年の1月に1・0341で、底をついた感じがある。その前の底は2000年10月の0・8228。だいたい16年10カ月ぐらいがもっともきれいな底と底のインターバルなので、2017年の8月、9月あたりがユーロの底だろうと私は考えていた。

ところが、どうもそれより早めに2017年の1月ぐらいに底をつけたと考えられるのだ。9月8日に1・20超えをやっているが、どうせ上がってもまた売られるという場面ではある。ただ、相当長いこと下落を続けてきたので、そろそろ上昇に転じてくるはずだ。

その背景は何かと言えば、やはりドルが弱いことがはっきりしてくるからだろう。

これまでは盛んにヨーロッパ経済が弱いということで、ユーロ安の市場心理（センチメント）が圧倒的であった。お荷物と言われるギリシャの問題もあった。

けれども、最近は違ってきている。

ドイツのメルケル首相にしても、「ユーロは安すぎる。ユーロは高くなければならない」とはっきりとユーロ安への不満を述べている。ドイツは不思議な国で、日本とまったく思考のベクトルが異なっており、1971年にも時の首相が同じようなことを言っている。

1971年、為替は従来の固定相場制から変動相場制に移行した。日本としては1ドル360円の固定相場が円高方向になるということで、驚天動地の大事件であった。これは絶対に阻止しなくてはならない。「360円死守」の立場であった。

当時の佐藤栄作内閣は「為替相場が円高になれば日本経済は破滅だ」という発想だった。今日のように1ドル100円になることなど、当時は絶対に考えられなかった。

162ヶ月(13年6カ月)
2022年1月
1.6000
1.5000
18°
1.4000
レジスタンス
1.3000
基本ユーロ高
1.2000
1.1000
サポート
1.0000
2017年1月
1.0341
0.9000
18°
12
2016
2020

チャート⑩　ユーロドル月足（2017年11月9日）

ところが1971年3月、ニクソン・ショックの5カ月くらい前に、ドイツは変動相場制に入った。これ以上ドイツマルクをドルにペッグしていると、ドイツがインフレになるのでドルペッグを外した。つまり、通貨切り上げにより輸入インフレを阻止することに、ドイツは踏み切ったわけである。

ちょうどその頃、私は為替の仕事を始めていたのだけれど、なんと日本とは発想が異なる国かと驚かされたものだ。

日本は輸出産業を守るために、通貨高は絶対に阻止するという発想。ドイツのほうは、通貨安は絶対に阻止する。なぜならばそれはインフレを招くから、という発想である。

知っての通り、第1次世界大戦後の1922年に、ドイツは1兆倍という滅茶苦茶なインフレを経験している。それゆえ、ドイツにとっての経済的な大損害（ディザスター）はインフレであり、インフレに対する恐怖感、嫌悪感は彼らのDNAに刷りこまれている。

日本もひどいインフレを経験したとはいえ、1兆倍の超インフレの恐怖は味わってはいない。世界にはインフレなどまっぴらだという哲学を持っている国があることを、1971年に初めて私は教わった。

いずれは崩壊する運命にあるユーロ

話を戻すと、ユーロドルについては、やはり16年ぶりの底を打ってトレンドが変わり、ユーロが上がっていく流れになっていくと思われる。基本的にこれからはドル安が進む。アメリカ株が壊れようとしているわけだから、それは当然であろう。

これまではユーロ経済が壊れそうでユーロ安だったのだけども、これからはアメリカが壊れるという前兆が為替面で出現していることになる。このところユーロが強いのは、アメリカ株が壊れることを為替相場が先行して示していると考えるべきではないか。

ただしユーロ高ドル安の為替相場については、決してヨーロッパ経済が良いということではない。悪いなかでも少しは良くなってきた、そんな認識でいいと思う。

私に言わせれば、所詮《しょせん》ユーロはシステム的に間違っているから、いずれは崩壊する運命にある。フランスにマクロン大統領が出てきたとはいえ、ユーロの盟主はドイツであって、この国は完全にデフレ大国である。財政黒字で、世界デフレを先頭に立って牽引しているイメージが強い。

ドイツがユーロの盟主である限り、ヨーロッパはデフレ的な傾向で進まざるをえない。

日本を見てもわかるように、デフレの世界のなかでインフレに転換するのは非常に難しいわけで、たとえばスペインやイタリアなど南欧の諸国はずっと苦しみ続けている。

いまのヨーロッパ経済は、これまでが悪すぎたのがちょっとだけ改善したという状況にあると考えるべきである。

根本的なところでは、財政を統一せずに金融だけ統一するというユーロのシステムは間違っている。

その間違いから発生する必然的な軋轢《あつれき》はすべて人為的にドイツが解決しようとしているのが実相である。ギリシャは「もっと支援しろ」と主張し、ドイツは「もっと改革しろ」と反論し、なかなかまとまらない。もともとのシステムが悪いから、どうしてもそんなことになってしまう。

叡智が支配している世界ならば、ユーロはうまく機能したかもしれない。

しかしながら、実際にはユーロのメンバー同士で揉《も》めに揉めている。叡智などどこへやら、各国剥き出しのエゴで軋轢が強まるばかりである。こうした状況においては欠陥のあるシステムなど絶対に機能するはずがない。

私はユーロは将来的にやはり解体するというか、ドイツについていける国だけが枝分かれする、南北対立的な結末を迎えるのではないかと、なんとなく思っている。

解体していく過程のなかで、北ユーロと南ユーロに分かれるということもありえるだろう。

統一通貨ユーロに違和感を抱き続けてきたドイツ

ドイツとは通貨は常に強いほうがいいと考える国なので、統一通貨のユーロになってからずっと違和感を抱いてきたのではないだろうか。

ユーロに参加するということは、ドイツにしてみれば、弱い通貨と一緒になって、通貨安になることである。おまけにいまのマリオ・ドラギＥＣＢ（欧州中央銀行）総裁は金融緩和を拡大して、さらに通貨安にしようとしている。

ここでユーロ円を考察すると、ユーロの盟主であるドイツは「通貨高のほうが絶対に良い」と心底考えているわけだし、もっと言えば、「インフレよりデフレのほうがはるかに良い。デフレで結構」という国柄であると先に示した。

日本はこれからもインフレで行くしかないと決めているけれど、なかなか思うようにはいかない。そこで円高株安に陥った場合、ヘリコプターマネーでひたすらお金を刷ってインフレを起こして、デフレから回避するつもりでいる。

これらを勘案すると、いまのユーロに対する円高はそう長く続くわけがない。

36円50銭
134円56銭
133円
50銭
40円45銭
（161円80銭÷4）
170
165
160
155
150
145
140
135
130
125
120
115
110
105
100
95
2015
2016
2017
2018
2019
2020
62カ月

チャート⑪　ユーロ円月足チャート（2017年11月9日）

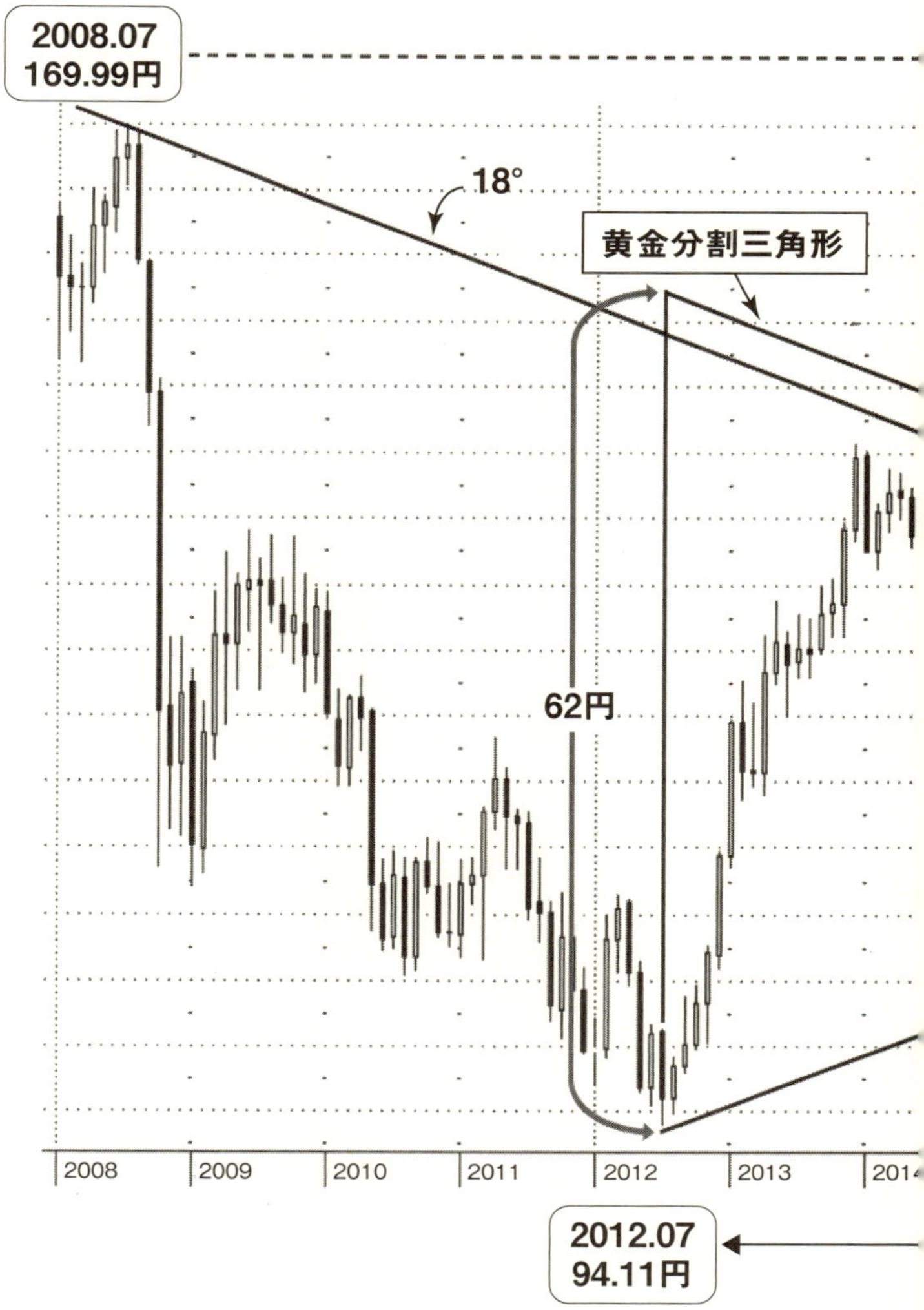

ドイツがユーロの重みを背負っている限りはユーロ高にならないけれども、ユーロから脱落組が出てくれば、状況は一変するということだ。ギリシャはもちろんのこと、イタリア、スペイン、ポルトガル等がユーロから抜け落ちていけばどうなるのか。

今度はユーロが暴騰する。かたや円は下落する。そういう流れがどこかからはっきりしてくるはずだと、私は考えている。その嚆矢《こうし》として、メルケル首相はこのところユーロ安への不満を述べているのではないだろうか。

世界の大きな潮流を俯瞰すると、日本は望み通りの円安になってもいいのだが、ドルのほうがこれから急激に安くなるために円安にはならない。不幸にして、まだこの先5~6年は基本的には円高が続く。

ただ、その先を考えれば、先に述べたような理由から為替の潮流が一変し、際立ったユーロ高円安のステージに突入する。その前に起きるのがユーロドルでユーロが断然強くなるということだ。なぜならアメリカがデフレになるからである。

ユーロ円のチャート⑪（ユーロ円月足　2017年11月9日）を見ると、ユーロ安円高が続きそうであることを示している。

この相場は1979年の12月に史上最高値285円56銭を付けている。一般的には大きなトレンドが終わるには黄金分割40年半（162四半期）かかるというのが、私が発見したルールである。

そのルールでいくと、この円高ユーロ安のトレンドというのは2020年半ばまで継続することが考えられる。

その40年半目に最安値が示現するかどうかはわからない。最安値が示現するかもしれないし、2000年10月の最安値88円97銭を更新することなく、時間切れで方向転換する可能性がある。

いずれにせよ2020年半ばまで大きな方向転換はなく、基本はユーロ安円高のトレンドが続く。チャートで見てもわかる通り、134〜135円はほぼ鉄壁のレジスタンスとなっている。とりあえず115円あたりまでの相場下落はありそうだ。そのあとは上下しながらも2020年に向けての円高だろう。

意外にも景気が良いイギリスと資源安に苦しむオーストラリア

ついでと言っては何だが、ポンド円、さらに豪ドル円についてもチェックしておこう。

まずはポンド円であるが、意外にもイギリスは景気がよろしい。

私の娘婿はロンドン在住のイギリス人で、香港上海銀行でインベストメントバンカー業務に

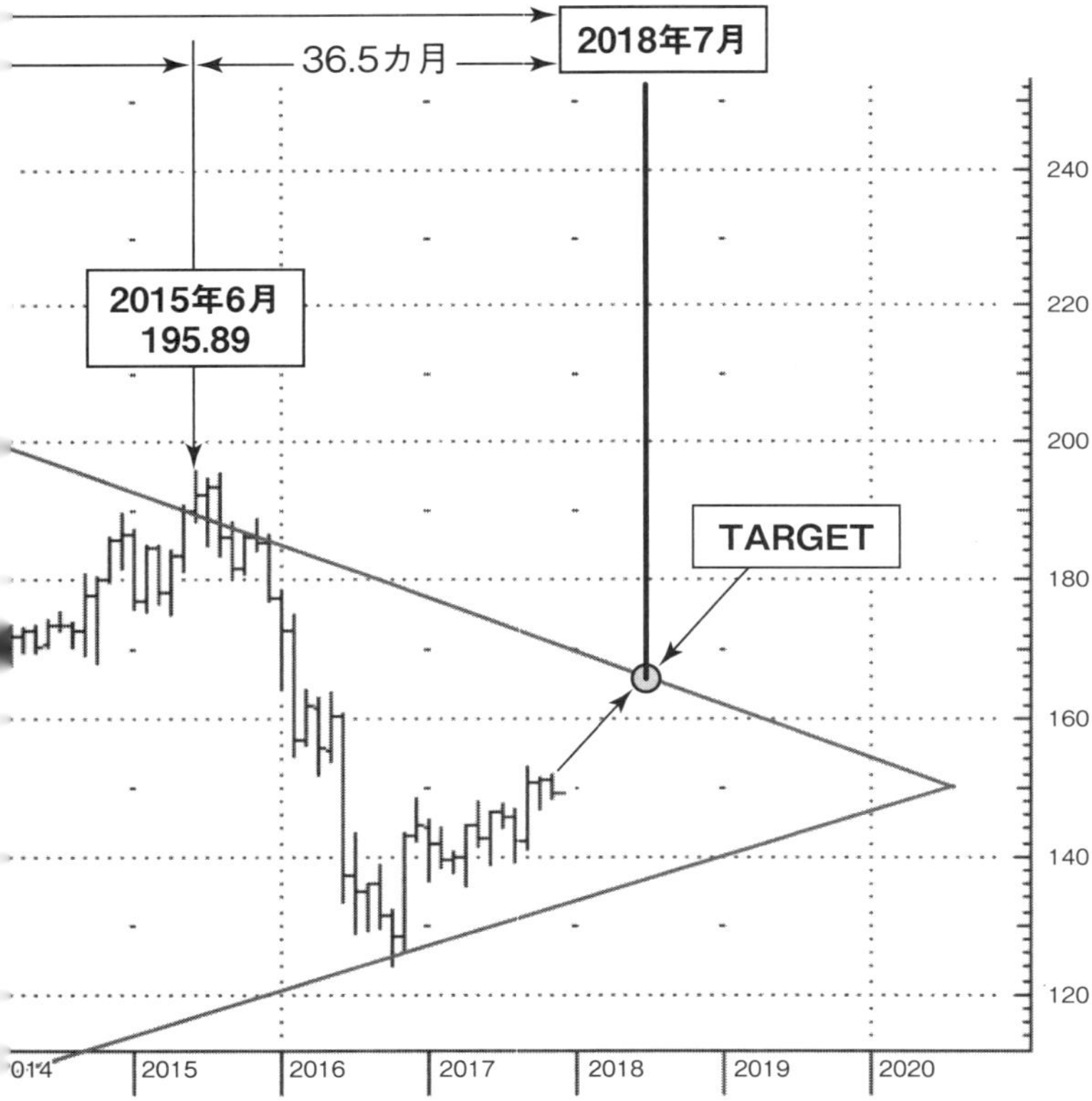
36.5カ月
2018年7月
2015年6月
195.89
TARGET
240
220
200
180
160
140
120
014
2015
2016
2017
2018
2019
2020

チャート⑫　ポンド円月足（2017年11月10日）

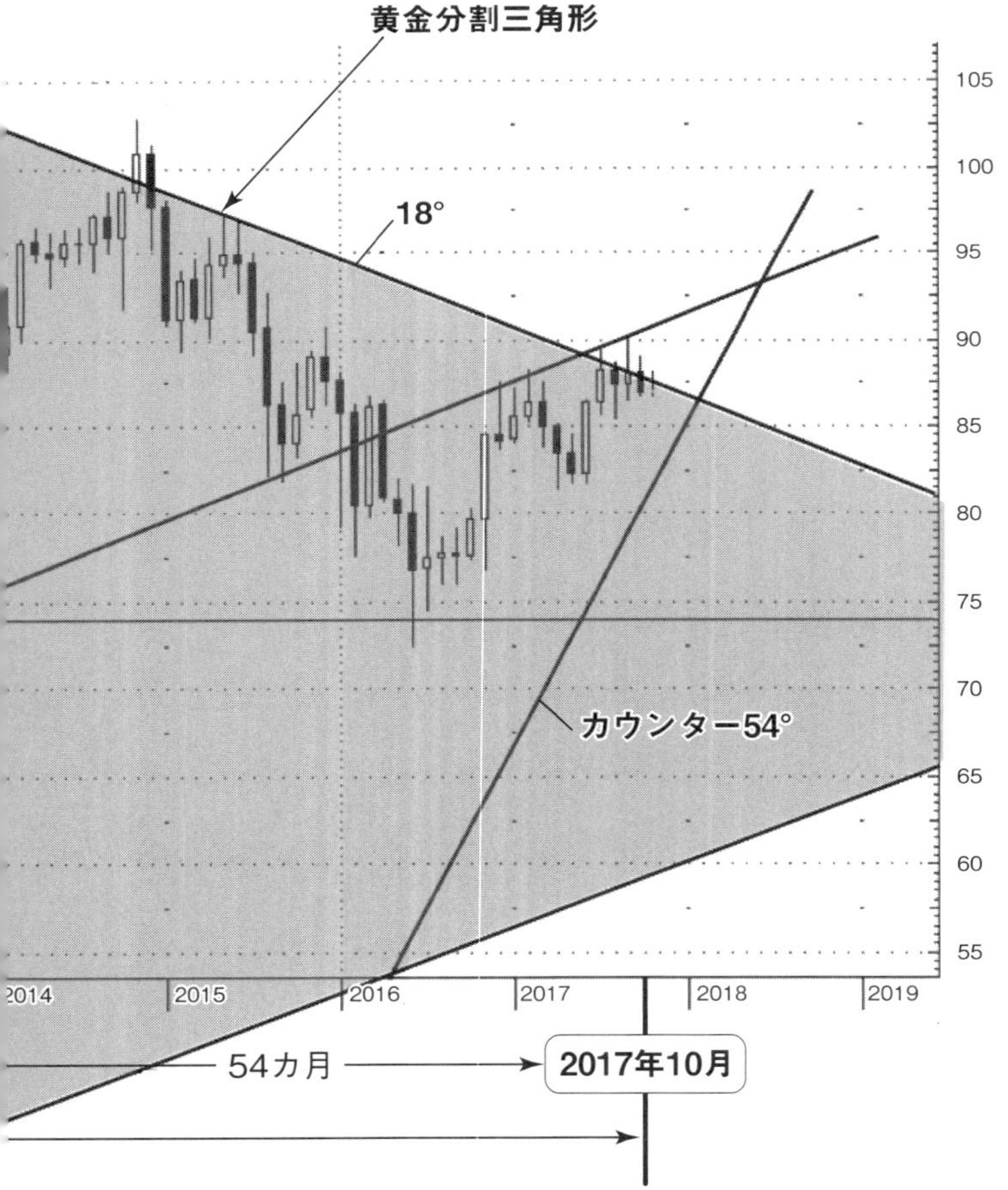
黄金分割三角形
18°
カウンター54°
105
100
95
90
85
80
75
70
65
60
55
2014
2015
2016
2017
2018
2019
54カ月
2017年10月

チャート⑬　豪ドル円月足チャート（2017年11月9日）

従事している。２０１６年ブレグジットになった瞬間、真っ青になって、職を失うかもしれないとパニックに陥っていた。そこで大きな家を売って小さな家に住み換えたり、さまざまな備えをしていた。

ところが、いまは娘婿の機嫌がすこぶるいい。理由は勤務先の香港上海銀行が史上空前の利益を出したからだ。そんなこともあって、一般の労働者のほうはどうか知らないけれども、いわゆるシティというか、ロンドンのファイナンシャル関係の景気は決して悪くはない。加えて、イギリスの全般的な景気指標もそう悪くない。

あれだけ為替相場が下がれば景気が良くなるのは当たり前で、あとはこれからインフレがどう経済に影響してくるかであろう。

本書でも指摘してきた通り、これから世界デフレが進行すると私は見ている。そのなかでイギリスだけが通貨安だからインフレになるというわけにもいかないので、ポンド円もそんなに大きくは動かないのではないか。

ただ、チャート⑫（ポンド円月足　２０１７年11月10日）を見ての通り、２００７年７月の２５１円の高値から黄金分割三角形がきれいに１２４円で下のところにぶつかっているので、次は本当ならこの上の１６０円の方向に向かっていく流れのはずである。

すでに１２４円から10月には１５０円超えまで結構戻ってきてはいるけれど、さらに高くなるだろう。そしてピボットとなる2018年7月に160円をつけるかもしれない。

続いて、豪ドル円を見てみよう。

チャート⑬（豪ドル円月足　2017年11月9日）でわかるように相場は黄金分割三角形のグレーゾーンの上限に頭を押さえられている。

資源国オーストラリアはこれから出てくる資源安の流れに弱いだろう。

さらにドル円が円高に向かうこと、世界景気のスローダウンの影響を受けやすいことを考えると、グレーゾーンの真ん中である74-75円までの相場下落がありうる形である。世界景気が大きく崩れる場合、グレーゾーンの下限50円台もありうる。しかし55円は何度もサポートされている大きなサポートで、これを切ることはないだろう。

結局、前述したように、2018年の7月がすべてのポイントになってきたようだ。そこまではアメリカ株は下がる、アメリカの長期金利は下がる、ドル円は下がる、資源通貨も下がる、と。すべてそこへ向けて下げが進んでいくと、私は考えている。

2018年7月がピボットになる日柄となる。

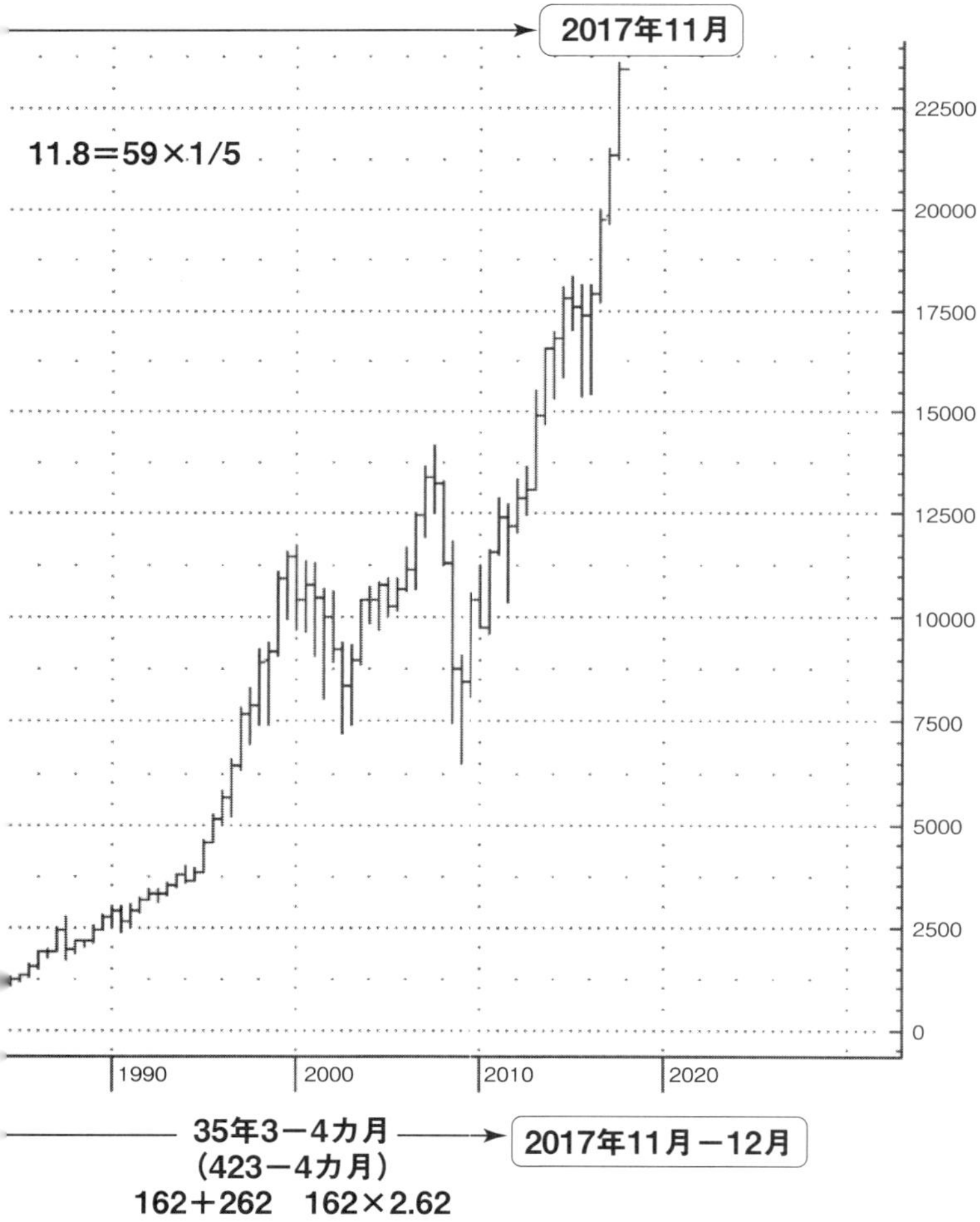
2017年11月
11.8＝59×1/5
22500
20000
17500
15000
12500
10000
7500
5000
2500
0
1990
2000
2010
2020
35年3－4カ月
（423－4カ月）
162＋262　162×2.62
2017年11月－12月

チャート⑭　NYダウ年足（2017年11月9日現在）

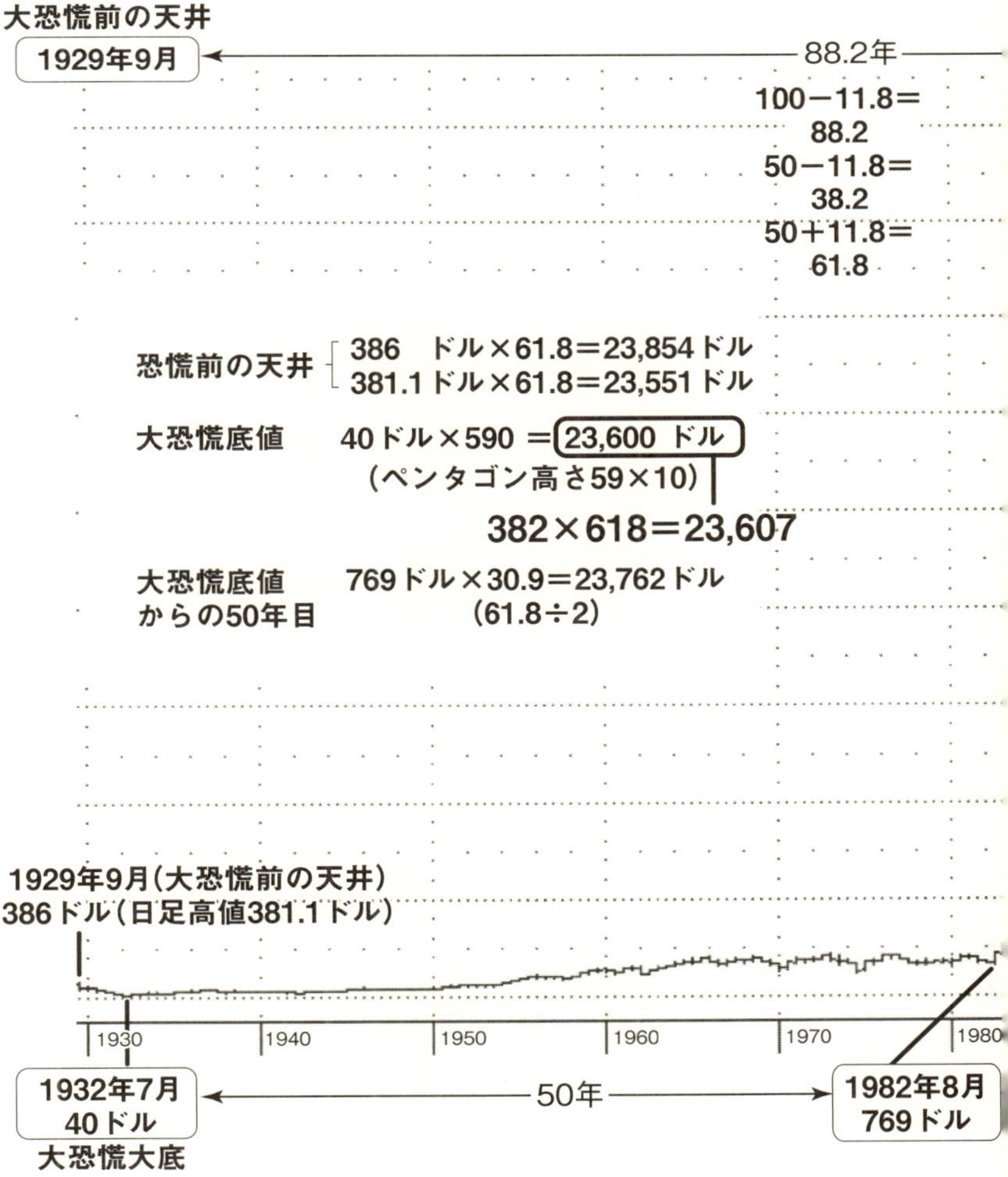

40%の下げが待っているNYダウ

終わりのないような上げ方をしているNYダウだが、黄金分割で計るとやはりそろそろ限度である。

チャート⑭（NYダウ年足　2017年11月9日）を見ると、まず日柄では大恐慌前の天井である1929年9月3日の高値386ドルからの88・2年は2017年11月である。88・2は100マイナス11・8で黄金分割の数字である。ちなみに50プラスマイナス11・8は38・2と61・8の黄金分割の補数である。

また日柄で見れば、14年間の横這い相場に終止符を打って相場が上昇し始める1982年8月の769ドルからの35年3～4カ月、つまり423-424カ月目は2017年11～12月である。この423～424という数字も黄金分割の大事な数字である。つまり161・8＋261・8＝423・6、161・8×2・618＝423・6となり、足してもかけても423・6になるという重大数字である。

その大事な423カ月目が11月である。

ちなみに1982年8月は大恐慌底値40ドルからのちょうど50年目である。

ということで長期的に見て2017年11～12月は重要日柄である。

レベル的にはこれだけの大相場の場合有効な過去の高値安値の黄金分割重要数字の倍数で考えてみる（これは往々にして極めて有効である）。

恐慌前高値386ドルの61・8倍は2万3854ドル、日足での最高値381・1ドルを61・8倍すると2万3551ドル。大恐慌底値40ドルにペンタゴンの高さ59の10倍の590をかけると2万3600ドル。1982年8月の底値769ドル×30・9（61・8÷2）＝2万3762ドルとなっている。

概ね2万3000ドル台後半に大きなレジスタンスの塊があるように見える。執筆中の最高値は11月7日の2万3062ドルとなっている。

NYダウはこの2万3000ドル台後半で天井を打ち、7000～9000ドル程度の修正場面を迎えるはずである。2022年後半あたりが、この下げの最終着地点ではないかと見ている。

NASDAQは2019年に向けて暴落する

NASDAQは2002年10月の大底から黄金分割の59四半期（14年3四半期）目とは

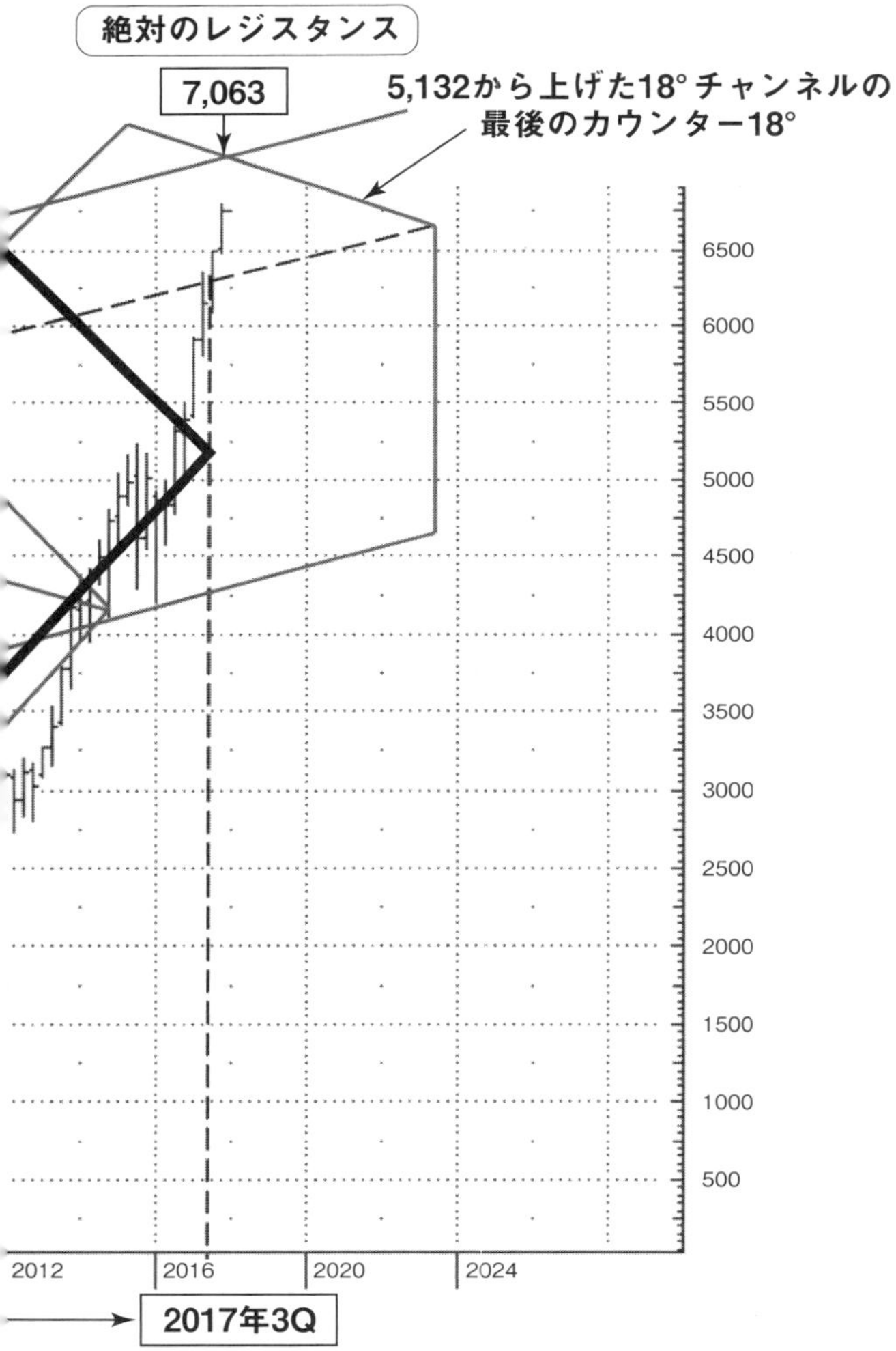
絶対のレジスタンス
7,063
5,132から上げた18°チャンネルの
最後のカウンター18°
6500
6000
5500
5000
4500
4000
3500
3000
2500
2000
1500
1000
500
2012
2016
2020
2024
2017年3Q

チャート⑮　ナスダック四半期足（2017年11月9日）

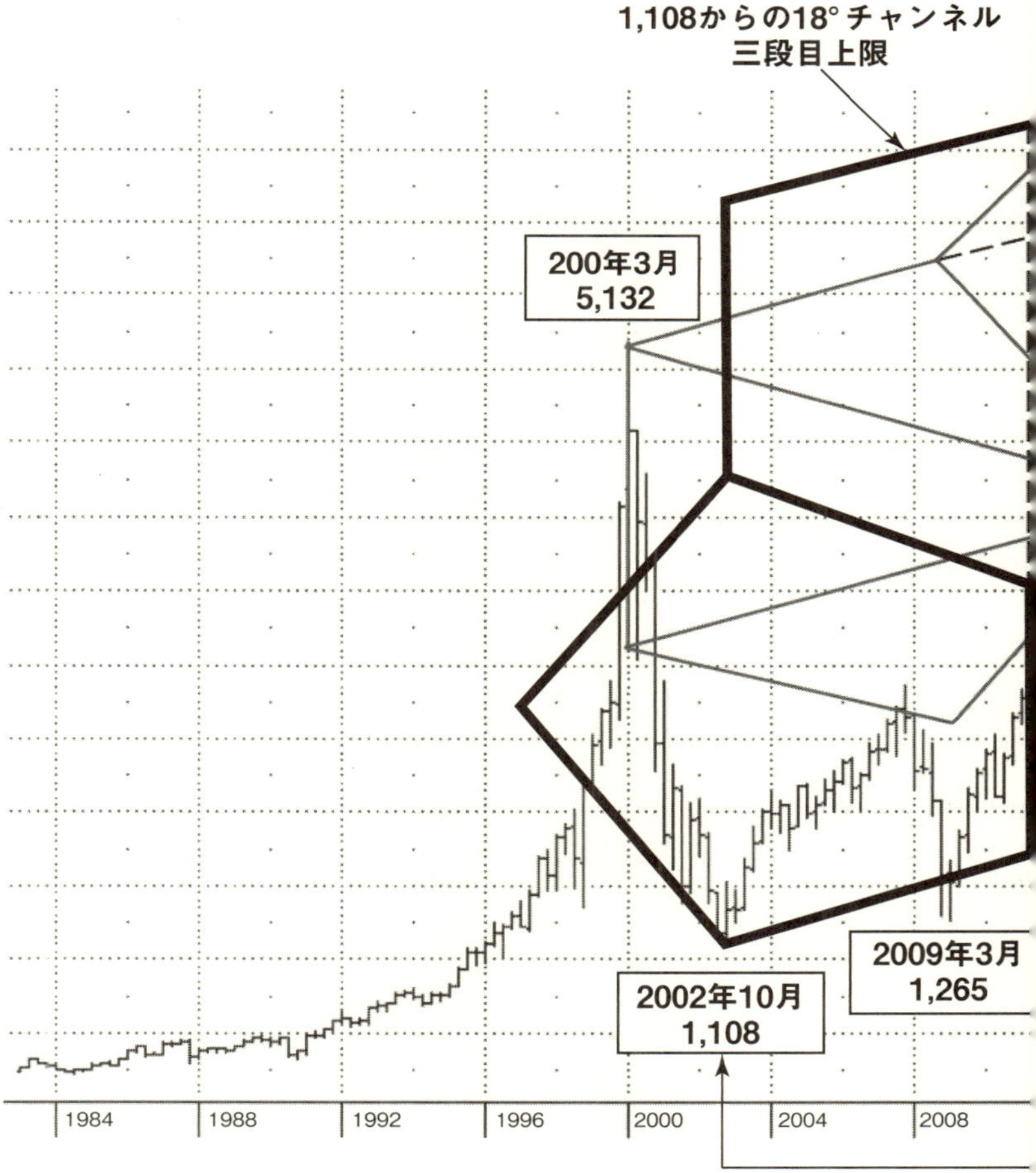

２０１７年の３四半期にあたった。２０１７年の7～9月である。

これが２０１７年の４四半期目、つまり60四半期目に入ると、59四半期の呪縛が外れる。59とはすなわちペンタゴンの高さだから、ものすごく大事な日柄である。したがって、２０１７年の第４四半期に天井を見て急激に下降する形になると見ている。

チャート⑮（ナスダック四半期足　２０１７年11月9日）で見てもわかるように、大底１１０８からの18度チャネル3段目の上限、また２０００年のＩＴバブル頂点５１３２から上げた18度チャネルの最後のカウンター54度線が、いずれも７０００超えのところに位置して絶対のレジスタンスとなっている。

相場が７０５０～７１００の間までやって天井を付けるのが一番美しいが、一方で２００９年3月の底値１２６５から計ると54度チャネルの上限が６７５０、上げ18度チャネルの3段目の上限が６９００あたりに位置している。７０００超えが美しいが、若干手前で天井を打つことも大いにありうる。

第7章

200年雌伏してきた中国のエネルギー

最大の崩壊危機を迎える時間帯2021年から2023年

中華人民共和国の建国は1949年だから、2017年で中国は満68歳を迎えたことになる。そんな中国にとって縁起でもないデータがある。

知っての通り、歴史上、もっとも長く生きながらえた共産党政権は旧ソ連であったが、いったい何年続いたのだろうか。73年間であった。

旧ロシア・ソビエト連邦の歴史を振り返ってみると、1917年のロシア革命から72年後（黄金分割重要日柄）の1989年11月にはベルリンの壁開放が起こり、事実上、ソビエトブロックの崩壊となった。1991年12月末、ソビエト連邦は正式にその存在を停止するに至った。

一方、中国共産党による中華人民共和国の建国73年は2022年となる。この前後2021年から2023年にかけて、中国共産党支配のひとつの危機の時間帯が訪れるということができるだろう。

重要なのは2012年末に中国共産党のトップとなった習近平の2期10年の任期が2022年秋の共産党大会までとなっていることである。

現在の中国共産党は約9000万名の党員を擁し、党代表2500名、中央委員200名、

2017年10月25日、人民大会堂にずらりと並ぶ新しい“チャイナ・セブン”

中央政治局委員25名、最高指導部・最高意思決定機関の中央政治局常務委員会・常務委員7名という巨大ピラミッドで構築されている。

このような集団指導体制を設計したのは、中国を建国した毛沢東ではなく、毛の死後の混乱を調整した中国第2世代の最高指導者の鄧小平《とうしょうへい》と言われている。

以降、第3世代の江沢民、第4世代の胡錦濤《こきんとう》は鄧小平が設計した集団指導体制を維持してきた。ところが、第5世代の最高指導者になった習近平は明らかに先輩たちとは違った。いちおう形だけは集団指導体制を続けてきたものの、同体制での決定を覆す権力を持つ「核心」という地位を欲しがったからだ。

過去、別格の核心の地位を得た歴代指導者は毛沢東のみであった。

すでに2017年10月下旬に開催された第19回共産党大会が終わり、中国共産党内の権力闘争の趨勢は明らかとなったわけだが、それについては本章後半で解説したい。

ついに力尽きた輸出エンジン

もともと中国当局から発表される公式数字は信用に足るものではないと言われてきた。もっとも知れ渡っているのは、地方政府のGDPを合計すると、中央政府が公式発表した国家のGDPを大きく上回ってしまうことであった。こうした矛盾が経済予測に影響をおよぼす統計に散見されることから、各シンクタンクが中国経済に関して信憑性の高い数字をはじき出すことは至難の業といえよう。

内政を仕切る李克強首相でさえもが、「自分も下から上がってくる数字を信用していない。比較的信用して見ているのは、電力の消費量と貨物輸出量だ。なぜならこの2つは水増しして多めに報告すると、税金が高くなるからである」と語っているほどである。

知り合いの中国通のジャーナリストから聞いたところでは、中国の失業率は政府が勝手に決めているようだ。ここ10数年間、ずっと4%前後に貼りついている。世界の工場としてずっと2ケタ成長しても、上海総合指数がジェットコースターのような動きをみせても、人民元高が進んで輸出が低調になっても、失業率は不変である。

その理由を彼に聞くと、こう返された。

「失業率が4％を超えると外国メディアが中国経済の危機を煽ってかまびすしい。逆に4％を下回る発表をすると、今度は地方政府の指導者が雇用対策を露骨にサボることがわかったので、とにかく失業率は4％前後にしておけば無難だと、当局が認識したためです」

ここらは共産党一党独裁の強み？をいかんなく利用しているところである。

市場経済が効率よく運営されるためには、経済、政治のトランスペアレンシー（透明性）が不可欠だ。およそ透明性との対極にある中国政府が、市場を良くマネージできるとは到底考えられない。


中国が抱える最大の内憂は、峠を過ぎた経済が下降局面にさしかかり、衰退が加速してきたことである。

中国の経済統計の信憑性が疑われているなかで、貿易統計は信ずるに値する数少ないデータといえる。なぜなら、貿易には必ず相手国があるから、中国が一方的に数字を捏造するには限界があるからだ。

中国税関当局が発表した2016年の貿易統計は世界のシンクタンクに衝撃をもたらした。

輸出額が前年比7・7％減、輸入額5・5％減と過去にない大幅な落ち込みをみせたからであった。

とりわけ輸出額の大きなダウンは、90年代以降、4半世紀にわたって中国経済を牽引してきたメイン・エンジンがついに力尽きたことを物語っている。

外資企業の撤退を加速させた人件費高騰と労働契約法

中国の輸出は2001年のWTO加盟を契機に飛躍、その伸び率は毎年25％以上に達した。輸出増大に伴い、国内の製造業・加工産業が繁栄し、雇用を生み続けた。海外からの工場進出が殺到、中国はまさしく〝世界の工場〟の名をほしいままにした。

それは中国のGDPに対する輸出依存度にも表れており、改革開放直後の20％台から2001年時点では38％、最盛期の2000年代中頃には65％超にまで伸びた。

しかしながら、2010年代に入ると、さしもの好調だった輸出も次第に暗雲が影を落とし始める。

当たり前の話だが、国内経済の好転は人件費の上昇を伴い、2000年からは年10数％、年によっては20数％の上昇となって、圧倒的であった競争力が削がれてきた。

人件費の高騰に加えて、２００８年に施行となった労働契約法が外資企業の中国撤退を招いた。

これは中国で労働者の権利保護と安定雇用を目的に施行される法律で、国内労働者にとっては吉報だったとはいえ、外国企業にとっては新たに立ちはだかる中国リスク以外の何物でもなかったのである。

労働契約法の内容の肝は、企業が労働者を雇う際、勤務内容や報酬などを明確にして契約書を交わすことが義務付けられたことである。それがひとつ。

もうひとつは、期限のある労働契約を2回交わした相手と、さらに契約を更新する場合は〝無期限契約〟を結ばなければならなくなったことである。これは事実上の終身雇用制への移行であり、契約終了時には退職金の支払いが義務付けられた。

こうした労働条件の激変を機に、アメリカ企業の中国撤退が加速した。それについて、前出の中国通のジャーナリストが説明してくれた。

「２００８年1月1日以前は、労働者の自己都合による退職に対し、退職金の支払いは不要だったのが、就労後1回目の契約更新、つまり最短で半年後の時点で労働者が辞める場合にも、自動的に1年分の退職金（給与1ヵ月分）を支払う義務が生じるようになりました。

これまでの法律では、雇用年数が10年以上に達した労働者に対しては、経営側の都合であれ、自己都合であれ、退職金を渡さなければなりませんでした。それが、いきなり半年になるわけで、単純に計算すると20倍も労働者に対して緩くなったということになり、それをアメリカ企業はクレージーだと判断したのです」

２００7年まで15％だった多くの外国企業の所得税率が２００8年から上昇し、２０１２年には25％になった。

かたや中国国内企業はかつての33％から段階的に25％へと下がり、これで内外企業の税率が統一されることとなった。

消費構造を歪めた所得の極端な分配構造

中国経済失速の要因は、輸出の不振だけではない。国内消費の伸び悩みがもうひとつの大きな要因として挙げられる。

よく言われる話だが、戦後、高度成長を遂げた国のなかで、中国ほど貧富の格差が大きな国はない。これは明らかに社会主義市場経済の弊害であろう。権力が市場経済に〝介入〟して莫大な利権をつくり上げ、権力者たちに途方もない富をもたらしたからで、富があまりにも一部の人たちに集中しすぎた。

これは所得分配の公平の度合いを示すジニ係数をみても一目瞭然である。1％の富裕層が中国全体の90％の富を手に入れているとするデータも出ているほどだ。

このような所得の極端な分配構造は、当然ながら消費構造を極端に歪めることになった。特定の人たちにお金が集中すると、その人たちは国内ではあまり消費しなくなる。みな欧米やアジアで不動産を買いたがり、中国からお金が海外に流出していった。一方、大半の国民は中国の国内で消費しようとしても、相変わらずエンゲル係数が高く、生活していくのに精いっぱいのレベルに甘んじている。

これは私の住むアメリカでも同じことが言える。一般労働者の1000人分の収入を得ている経営者が、一般労働者の1000人分を食べることが不可能であるように、1000人分の消費は不可能である。

いつも空腹の貧困層は、食べ物が手に入るとすぐ口に入れる。ジュース1本買うにしても、お金が少しでも多く入ってくれば子どものために3本買ったりするわけで、貧困層にお金を渡せばほぼ100％が消費に回る。超富裕層の高額消費よりも、数千万、1億の人が1週間に1回でもそこそこの外食をして、そこそこの買い物ができるようになれば、経済効果は莫大なものとなる。

中国の場合、四半世紀にわたる高度成長を遂げたといっても、あまりにも極端な富の偏在化により、経済成長と大半の国民の消費との歩調が合わなかった。そして、ついに国民の購買能力が低いまま、経済成長のフェイズを終えてしまった。

中国には大きな市場があると思われがちだが、ここ十数年間、実際には消費不足、内需不足の状況が続いてきた。それはGDPに対する個人消費を示す「個人消費率」という数字に如実に表れてくる。

改革開放のスタート直後の1980年代前半に50％以上あったのが、2000年前後に45％前後、2010年には35％前後まで下がり、以後はその周辺をうろうろしている状況はどう考えても健全とは言えない。

たとえば、日本のGDPに対する個人消費率は60％超で、完全に内需が経済を支えているし、アメリカなどは70％超を占めている。

不動産バブル破裂を遅らせるために異様に膨らむ新規融資額

ここまで一党独裁国家にありがちな所得の極端な分配構造が、経済繁栄にもかかわらず、中国14億国民の消費をGDPの35％に留まらせていると言及してきた。では、中国はGDPの残りの65％を何で回しているのか？

稼ぎ頭であった輸出は先にふれた通り、かつての輝きを失い、前年を下回るような状況に陥っている。

すると、これまで輸出と併走して経済の主柱を担ってきた固定資産投資に頼らざるをえない中国の危うい現実が浮き上がってくる。固定資産投資とは不動産投資や公共事業投資のことで、ここ10年、固定資産投資の上昇率は25～30%と凄まじい勢いを示している。

中国経済が抱える最大のリスクは、中央銀行による野放図な金融緩和を背景に、新規融資の規模が拡大しすぎていることにほかならない。

融資先は、不動産バブルを支えるデベロッパーと不動産購入者に集中している。

先の中国通ジャーナリストによると、2016年、各銀行から貸し出された新規融資の総額は12・65兆元（約206兆円）。同年の中国のGDPは74・4兆元（約1212兆円）である。一国における年間の新規融資総額がGDPの17%を占めるのは、異常と言うよりも、異様である。

これは明らかに不動産バブル破裂を遅らせるための、なりふり構わぬ対策にほかならない。だが、バブルの常で、そうした無理に無理を重ねた対策はいつかは潰える。これは歴史が証明しており、いくら中国の政治体制が他国とは異なるとはいえ、例外とはならない。

いずれにせよ、これから本格化する中国発のデフレ波は、当分世界経済を揺るがせる大きな流れとなろう。

時価総額世界7、8位のアリババ、テンセントの実力とは?

もうご存知だろうが、世界企業の時価総額トップ10に中国のIT企業のアリババ、テンセントの2社が食い込んでいる。このまま勢いが続くならば、トップ5の一角を切り崩すかもしれない。時価総額は揃って3000億ドル(33兆円)を超え、日本トップのトヨタ自動車の2倍近くになっている。

この2社は中国国内のネット小売、物流、決済、エンターテインメントなどの部門をほぼ支配していると言っても過言ではない。驚くのは、中国国内でのスマホ決済の浸透で、街角の露店のおばちゃんまでもがアリババのアリペイ、もしくはテンセントのウィーチャットペイを使って商売に勤しんでいる現実である。

なぜこの2社がこれほどまで隆盛なのか。それはやはり、中国のお国柄にあるわけだ。中国政府は国内ネット市場における外国ネット企業の事業展開を許していない。グーグルもヤフーも中国市場に参入したもののお手上げで、中国共産党の露骨な横やりに屈した格好だ。

そうした政府の保護下にあるこの2社の利用者数はうなぎ登りで、たとえばネット決済分野ではアリババが約5億人、テンセントが約9億人の利用者を獲得している。

だが、2社の寡占《かせん》は中国の小売業に大きな波紋をもたらしている。絶好調ともいえるネット通販、ネット決済の煽りを受け、国内百貨店やスーパーなどの実店舗《リアル》の倒産が相次いでいるし、大手外資のウォルマート、カルフールの販売不調は常態化している。

こうした図式は先進国、途上国を問わず共通点が見られるようだ。コスト競争力に勝るIT新興企業の台頭は従来のパイを吸い上げるだけで、小売業全体を嵩上げするまでに至っていないのだ。

矛盾を撥ね退ける国家のエネルギー

先に資源国として数十年におよぶ年月を謳歌してきたサウジアラビアはこれから同じだけの苦節が待ち受けているのではないかと論じた。

良い思いをしてきたら、必ず悪い思いが待っているというのが経済であり、相場の世界であるからだ。

その論理に従うと、私は中国の場合、意外と経済の崩壊は回避できるのではないかと思っている。なぜなら、中国は約200年の雌伏《しふく》を経たからである。

どんなに問題があっても、200年間も雌伏した国が立ち上がったら、100年ぐらいは凄い勢いを保つと考えるのが自然だ。

たしかに先進資本主義の体制から見たら、中国の共産党一党独裁という政治体制、社会主義市場経済は問題だらけだから、もうこれからは落ちるのみで、国家崩壊、経済崩壊が迫っていると述べる評論家やエコノミストはことのほか多い。私もこれまで少なからずそう思ってきたひとりである。

けれども、新たな国家を立ち上げるエネルギーは決して馬鹿にできない。中国には欧米列強に屈して200年も雌伏したエネルギーが溜まりに溜まっていたわけである。したがって、少々の矛盾は撥《は》ね退け、こなしながら、突っ走っているのが中国ではないかと、最近思うようになってきた。

考えてみれば、日本にしたって江戸末期まで約250年も雌伏し、ひたすらエネルギーを貯めていた。だから、1868年の明治維新からたったの50年で世界第4位の経済大国になった。

それでは世界第4位の経済大国になるまでの日本に矛盾はなかったのかといえば、それは矛盾だらけであった。それでも250年も眠っていた（蓄えていた）エネルギーはそれを凌駕する凄まじいものがあった。

そういう意味で中国を考えると、みなが言っているような悲観論はあたらないのではないか。

中国当局が発表する統計数字はまやかしであるし、マーケットも為替も株もすべて政府の管理下にあって何も実態は見えてこないけれど、国家としてのエネルギーについては認めざるをえない。

とにかく目標に向かうエネルギーが凄まじいから、何でもやりすぎてしまう。100年分の設備投資を一気に進めてしまうような馬鹿げた投資をしたし、世界中の資源の爆買いを行って先進国から顰蹙《ひんしゅく》を買ったりした。けれども、これらはエネルギーの凄まじさゆえの勇み足のようなものと捉えたほうがいいであろう。

世界経済がスローダウンするならば中国もそれに倣《なら》うのだろうが、それで中国経済が大破裂を起こすというような話ではないと私は思っている。

いまでは何の役にも立たない減税政策

このところ日米のみならず、世界各国が法人税の引き下げ競争に躍起になっている。振り返ってみると、税金を下げるという流れは1980年代のレーガン革命のときから始まっている。

これには新古典主義の哲学が背景に横たわっているのだけれど、減税を掲げたアメリカがたどってきた経緯をみれば、いかに無意味なものかがわかる。

レーガノミクスも最初はかなりうまくいった。しかし、共和党のアジェンダそのものが減税になってしまい、その過程で悪いことがどんどん発生した。金持ちが無茶苦茶に増えてしまった一方で、州レベルでは大赤字を出してしまった。

レーガン政権当時、一部のインチキ経済学者が提唱した税制改革は、減税したら景気が良くなって税収が増えるという幻想であった。

世の中が成長過程にある若い資本主義の時代であればまだしも、資本主義を散々やってきた末のいま何が起きているのか。拡大一途の貧富の差、ボーナス欲しさに経営者がこぞって興じる自社株買いなど、資本主義の〝悪〟がさまざまなところに露呈している。

資本主義も民主主義同様、だんだんと萎んできているわけである。そのなかで、いくら活性化するために減税を行っても何の意味もないと私は思う。

だからこれからの流れは、本当は大きい政府なのであろう。それを反対に小さい政府でいこうと進めてきて、たとえばカンザス州などでは減税を打ったら州財政が大赤字に陥ってしまい、再び増税に戻ってしまった。

要するに、すでに減税が通用する世界ではなくなってしまったのだ。ただ、減税は麻薬みたいなものだから、最初はけっこう効果が出る。けれども次第に政府が辛くなってきて、最後には耐えきれなくなってしまうわけである。

したがって、共和党が法人税率を35％から20％にしようと言っているが、結局は何の役にも立たない。

エリートが国を簒奪している米中

いま共和党では節税目的で海外に本社機能を移した企業に対して、アメリカに里帰りするならば、税金を安くする措置を講じることが検討されている。

私にすれば、いまさらという気がしてならない。アメリカ政府は2005年前後にこうした措置を採って、懲りているはずだからである。

そのときに各企業は設備投資や雇用増大のためにという名目で3000億ドル（約33兆円）がアメリカ国内に還流したのだが、実際にはそういうことは一切せず、みな自社株買いに回った。つまり、各CEOが全部それをボーナスで自分の懐に入れたのが真相で、またそんなことやるのか？　みたいな感じがする。

たとえばアイルランドに子会社をつくり利益を移転して節税を図るアップルの資金は十分にあるし、借金をしたほうが損金扱いになるわけだから、財務的には何のメリットもない。

仮に政府がそうした措置を講じても、おそらくアメリカ全体がそれで盛り上がるということはありえないと思う。

とりわけ民主党は前回、12年前のときの企業経営者の振る舞い（ビヘイビア）にほとほと呆れた経験を持つ。強欲資本主義を強めただけではないか。増長するアメリカの企業経営者と中国の腐敗高官とどこが違うのか、と。

こうして考察してみると、いまの米中の類似性が際立ってくる。

両国ともエリートが国を簒奪《さんだつ》しているのだ。

中国では腐敗していない共産党幹部や政府高官や地方官僚、国有企業経営者はいないと言われるほどで、この国の異様な資産逃避（キャピタルフライト）の多さは、彼らが地下銀行を使い、海外に資産を逃避させているからである。

アメリカのエリートたちもまた強欲資本主義にどっぷりと浸かり、金儲けにしか興味がない。自ら資本主義を腐らせる主役となっている。同時に彼らは民主主義なるものも腐らせようとしており、その代表格がコーク・ブラザーズであり、フリーダム・コーカスである。

中国の台頭は無視できない

２０１７年10月下旬、５年に１度開催される中国共産党大会で、次の５年間を仕切る最高指導部の７人が発表された。

知り合いの中国に詳しいジャーナリストに聞いてみると、この７人の予想を日本のメディアの大半は２～３人外したという。彼が言うには、日本のメディアはこうなったらいいとする日本の立場を反映しすぎで、誤ってしまうのだそうだ。

とはいえ、習近平が今回発表された政治局常務委員会の過半を盟友で占め、しかも、慣例となっている自らの後継者候補となる50歳代の次世代指導者を同常務委員に起用しなかったのは異例中の異例である。

周知の通り、最高指導部（政治局常務委員会）は重要議題についての決定に多数決制が採られるため、常に奇数で形成される。これは初代毛沢東が暴走した過去を反省し、次世代を担った鄧小平や陳雲などの長老が決めた苦肉の防衛策ともいわれる。

だが、３権を完全に掌握する習近平は今大会で、自分の名を刻んだ党規約を発表した。これは毛沢東以来のことで、第２代鄧小平、第３代江沢民、第４代胡錦濤を抜き、毛沢東以降最強の指導者となったことを宣言したかのようである。

しかしながら、反腐敗運動という名を借りた権力闘争で政敵を葬り去り、2000万台の監視カメラで人民の行動を金縛りにする習主席の手法は、恐怖政治そのものにも思える。

私自身、共産党独裁体制を敷く中国にはさほど興味はないし、国有企業を優先し民間企業を圧迫する「国進民退」政策などはもってもほかと考えるひとりでもある。

本書で述べてきたように、民主主義と資本主義がここまで腐ってきたなかでの中国の台頭は無視できないし、不気味でもある。

神意は中国をどう扱うのであろうか。

最終章

デフレが続く2022年までの心得

デフレ下での投資は原理的に失敗する

当然のことながら、投資とはなかなか難しい行為である。

プロの投資家は、〝売り・買い〟に際して必ずシナリオを描く。これだけのキャピタルを投入して何%のリターンを得たら利食う。何%のロスが生じたら損切りする――そんなふうにあらかじめ絵図を描いた上でポジションをとるのがプロというものである。

しかしながら、一般投資家にそれを求めるのは酷というものだ。

何となく上がりそうだから買う。何となく下がりそうだから売る。大半の人がそんな姿勢で投資に臨んでいるのではないだろうか。

ともあれ、投資とはことほど左様に難しい。加えて、デフレ時代とはその難しさが2乗、3乗となる。それはデフレ時代の相場が哲学的・原理的に儲からないようにできているためである。

投資という行為の持つ意味を考えてみていただきたい。

それは、将来的にキャピタル（資本）を増加させるために、現在のキャピタルを投じる活動のことである。つまり、キャピタルによってキャピタルを生むという行為なのだ。

デフレ下においては当然ながら物価は下がる。したがって、現金は持っているだけで、その価値は上がる。つまり、現金の保持＝キャピタルがキャピタルを生む＝投資ということになる。手元に現金がありさえすれば、何もせずにキャピタルゲインを得ているのと同じである。

何もせずとも儲かっているのに、さらにキャピタルを動かして儲けようとする――それは強欲（グリード）というものだ。相場は決してグリードを許さない。グリーディーな投資家は必ずやられてしまう。もとより相場とはそのようにできており、デフレ時代の長期投資は哲学的・原理的に儲からないわけである。

投資という行為を、何かオフェンシブ（攻撃的）な活動と勘違いしている人がよくいる。しかし、投資は元来、ディフェンシブ（防御的）な行為だ。何もせずにいては資産が目減りしてしまうので、それを防ぐためにキャピタルを動かす、それがすなわち投資である。

だからグリーディーな態度で攻撃的に相場に挑むのは、哲学的・原理的に間違っていることを肝に銘じていただきたいと思う。

相場とは欲望と恐怖のゲームである

デフレ下であっても、平時であってもそうなのだが、相場で大勝してはならない。相場で大勝する人は、えてして大敗する人でもあるからだ。長い目で見て、そんなに大勝はしないけれど、小さく着実に勝っている――これがベストのシチュエーションである。

特にデフレ下の相場では、スモールプロフィット（小さな利益）で満足し、少しでも利益が出たらすぐに利食うのが基本だ。しかしながら、その勝利の方程式を実践するのがきわめて難しい。一般投資家で利食いの上手い人を、私は知らない。なぜ、かくも利食いは難しいのだろうか？

一般投資家に限らずプロのはずの機関投資家ですら、相場のピークをなかなか見極められない。天井を見極めるためには、相当なチャート分析力が必要だからである。

だから、買いポジションを取ったとき、相場が上昇をし始めると、どこで売りのポイントが訪れるのかがわからない。まだまだ上がり続けるのではないかという期待＝欲望、ここで売ってしまっては儲け損なうのではないかという恐怖、それらに支配されてしまって利食いのタイミングをどうしても失ってしまうのだ。

相場は、欲望と恐怖のゲームである。欲望と恐怖をコントロールできない限り、上手に利食いすることはできない。しかし、欲望と恐怖を制御する、すなわち自らの本能や感情を自在に操ることは素人のよく為せる業ではない。もし、それをなし得たとすれば、その人はもはや大玄人の域に達しているといえるだろう。

たとえばバブル期のことを思い出してほしい。当時、相場は言うまでもなく極端に強気《ブリッシュ》であった。そこで多くの人が買いポジションを取ったものの、彼らは結局、欲望と恐怖に負けて適切な時期に利食うことができず、バブル崩壊によって大やけどを負ってしまった。

ちなみに、私は日本のバブル期、銀行から証券会社に転職した。為替についてはひとかどのプロだったけれど、株式についてはまだよくわかってはいなかった。

そこで、ひとつ株式投資を試してみようと、2000万円ほどの現金を用意して自社株を買ってみた。すると、たちまち4000万円ほどの値上がり益が出た。私はただちに利食った。長年マーケットに身を置くなかで培ってきた皮膚感覚で、「これは何かおかしい」と察知したからであった。

私は、お金というものは流した血と汗と涙の対価として受け取るものだというポリシーを持っている。ところが、お金を右から左に動かすだけで簡単に不労所得が得られてしまう——日本という国は完全にどこかが狂い始めていると思った。それで日本脱出を企図し、ニューヨークに居を定めたのだ。

圧勝は運を逃す

相場の世界では、圧勝した者と惨敗した者とのコントラストが際立つことが多い。天国と地獄と言ってもいいくらいだから、そうすると勝者はやっぱり人の恨みを買うことになる。

ただ為替などは不特定多数が相手なので、自分の勝ちはあいつの負けというストレートな図式にはならない。けれども、恨みを買うような圧勝劇はいただけない。なぜなら、人に恨まれたら自分は必ず傷つくし、自分を恨んだ人も傷つく。だから、自分が負けたときは自分の運をさらに悪くしないためにも人を恨んではいけない。

世の中、相場で大勝する人などいくらでもいる。だが、相場で大勝する人はおうおうにして大敗する人でもある。結局、長い目でおしなべて見ると、みなトントンか負けていることが圧倒的に多い。

したがって、そうならないためには、そんなに大勝はしないけれども着実に勝っている、それが相場を、特に為替のような相場をやっている者の態度ではないかと思う。

私はもともと謙虚ではない人間だから謙虚にすることが非常に難しいのだけれど、精神修養と思って一生懸命謙虚になるように努めている。それでも驕りは必ず出るから、謙虚になることは本当に難しい。

謙虚にいたる過程としては、いろいろなことに感謝していくことであろう。何かすごいことができた。あるいはとてもいいアイデアが湧いたときも、必ずしも自分ではなくて、何か別の〝存在〟が助けてくれたというふうに感謝することが大事だと思う。

マイノリティの立場に身を置くことの重要性

欲望と恐怖をコントロールすることの難しさは、国籍や人種を問わず普遍的に妥当する事項である。その上、われわれ日本人が相場でポジションを取るにあたっては、極めて難しいポイントがある。

それはマイノリティの立場に身を置くということである。

相場をやるときにはマイノリティの立場に身を置け――これは投資の鉄則である。なぜなら、相場ではマジョリティの立場に立ってしまったときこそが利食いどきだからだ。

相場が本当に走るとき、それはすべて〝損切りの力〟によるものである。

損切りとは、恐怖から逃げる――プライスのことなど二の次にして自分のポジションを解消し、ひたすら逃げるという行為にほかならない。したがって、相場には非常に大きなエネルギーが生じる。

マジョリティのポジションはすでにみなが持っているので、値動きが非常にスローになる。しかし、相場がマジョリティの意に反して動くと、彼らは投げ売り（あるいは踏み上げ）に走るから、ものすごい勢いで値段が下がってくる（あるいは暴騰する）。

そのとき、マイノリティのポジションが――少数派だけに――大きく儲かるわけだ。相場の要諦とは、「小さく損して大きく儲ける」ことである。ゆえに、できる限りマイノリティの立場に身を置いていなければならない。

ところが、日本人はマイノリティたることに非常な恐怖感を覚える人種である。これは画一的な学校教育による刷り込みの問題なのかもしれないが、われわれ日本人は他と違うこと、ユニークであるということにほとんど本能的な恐怖を抱いている。

日本人にとってもっとも怖いことは共同体から疎外されてしまうこと、村八分になることであろう。だから、組織として動くときなどは大きな力を発揮するのだが、単独者として行動することがどうしてもできない。したがって、日本人は総じて相場が下手なのである。

相場をひとつの生き物のように考える

経済学者が相場を当てられないのはなぜか、にも通ずるのだが、私は相場を考えるうえで、「人気、日柄、値ごろ」という3つの要素についての十分な理解と経験が必要だと思っている。

もちろん、マクロ、ミクロから見る目、つまり、構造的要因を把握する力や循環的要因を把握する力、およびその基礎になる理論、これらはどうしても必要である。

しかし、それだけで相場は掴みきれるものではない。相場が持っている相場そのものの息遣いというか鼓動がわかっていないと、変なところで変なことをしてしまう。

たとえば、円安の流れそのものは理解していても、タイミングを誤って高値を掴んでしまったりするわけである。そこに「人気、日柄、値ごろ」の3要素が絡んでくる。

私は相場をひとつの生き物のように考える。その生き物の実体に迫ることが「相場学」だと考えている。

よく行われる議論に、市場の効率性からトレンドを否定する考えかたがある。私は相場は常にトレンディングだと考えている。

特に為替相場はもっともトレンド性に満ちている相場だ。ひとたびトレンドがセットされるとこれを覆すのは非常に難しい。

そして実は経済全体にこのようなトレンドが存在する。たとえば、いまの日本の状況を見ると、これはデフレである。デフレというのは、ギアがバックに入っている状態だ。

ところが90年代の行政当局は、ギア自体は前進に入っていたが、サードからローに行ったという認識で政策運営を行ったために、混乱が一層ひどくなった。

もうひとつ「相場学」について言えば、過去の歴史をよく知ることが非常に重要である。人間は、シーザーの昔から本質的には変わっていないからだ。もちろん、テクノロジーは進化したし、人々は豊かになったけれども、本質は変わっていない。

相場は依然として、人間の本質のところでやっている。資本主義の世界の基本は、リスクを取りその報酬を取る活動だと考えるわけだが、そうするとそこは常に恐怖と欲望の世界である。

恐怖と欲望とは人間の本源的なものであって、4000年前も今日もまったく変わらない。そういう本質論からいけば人間のやることはすべて同じなのだ。そこに歴史を学ぶことの意義があると思う。

そして「相場学」の最後は、いかに人智を尽くして神意に気づくか、ということになる。相場は、結局神の手に委ねられている。浅はかなわれわれ人間が、ああだ、こうだ、と解析してわかるものではない、これが私の基本的な哲学である。

マーケットではきわめて短期間しか通用しない人為

ジョージ・ソロスをはじめとするヘッジファンドがやっていることは、限りなく人為の世界である。彼は巨大な資金量や情報力、場合によっては政治的な動向まで利用して、短期間に大きな利鞘を取ろうとする。短期間にどこかに歪みを見つけ、大量の資金で売り買いをして儲けていく。

それはたしかにひとつのやりかたではあるだろうけれど、所詮人為というのはマーケットではきわめて短期間しか通用しない。マーケットは神意の世界だ。だから、自分の知力を絞りぬいて、神意を読めるかどうか、が大切だと思っている。

知力を絞りぬいて、あとはインスピレーションである。たとえば、かつて私が「不況のなかの円高」を言い当てたときも、そのインスピレーションはニューヨークから日本に向かう飛行機のなかで得ている。

私は年に4回ほどニューヨークと東京を往復しているのだが、飛行機に乗ると最初にいちばんへビーな食事が出てくる。ビールとかワインとかを飲む。食事をして酒が入ってもっとも頭が働いていない状態のなかで、ありとあらゆる発想がバーッと立ち上がって来る。

啓示というと大袈裟《げさ》に聞こえるかもしれないが、そのときも1995年4月まで円高だ、とすべてのロジックに照らして整合性のあるアイデアがインプットされたのだった。

私の場合は、そのあとで検証していく。結論はインスピレーション、そのあとに検証。いわば帰納法的なアプローチである。経済学的なアプローチが脆弱《ぜいじゃく》なのは、経済学は逆に与件から結論を組み立てていくからで、与件が狂うとすべてが狂うためではないだろうか。

日本の投資家に言いたいのは、日本は情報の面で非常に偏りがある、ということだ。私がニューヨークを拠点にして、ウォール・ストリートやワシントンを眺めながら相場を考えているのはそのためである。

日本は本当に情報の質が低い。経済に関するコメントを出しているディーラーでも整合性のあることを言っている人はほとんどおらず、1カ月前に言ったことと違うことでも平気でコメントしている。そんなことだから、外資系に赤子の手をひねるようにやられてしまうのだ。

私がインフォメーション・サービスを行っているのは、せめてもう少し質の高い情報を日本の投資家に提供して、少しでも改善したいと考えているからである。

もうひとつ、これは次の段階になるのだが、日本にはあまりにも外資系の運用ノウハウが高い、という神話があったので、少し資金を集めてその神話を打ち砕いてやりたい、という考えもあった。

日本にも優秀な人間はいるし、外国人にも優秀でない人間はたくさんいる。日本人の資質とアメリカ人の資質にはそんなに違いはない。

最後に、おそらくみなさんが勘違いされているだろう点を指摘させてもらう。

相場を戦争にたとえると、戦争は勝たなければいけない。ここで大切なのは戦略である。しかし、局面での戦闘は勝ったり負けたりするもので、負けても仕方がない。これは戦術だ。パール・ハーバーで負けても、最後に勝てば、戦争はいいわけだ。

だから、4つの会社の株を買ったら、4つとも勝つ必要はない。仮に2社は上がって、1社はトントン、1社は下がったなら、下がったその株は売ってしまうことである。

戦闘にすべて勝つことはありえない。だから、買ったものは伸ばして、負けたものはやめる。それで戦争に勝つのだ。それが相場だと私は思っている。

付章

相場と黄金分割

日柄の分析なしの価格分析は無意味

私は約30年前から、黄金分割と正五角形《ペンタゴン》を活用した手法を相場分析に用いている。相場をグラフにすると、価格が縦軸（y軸）、時間が横軸（x軸）になる。価格yは時間xの函数と見ることができるわけである。この見方に従って分析を重ねた結果、相場は波動であり、その波動の周期や振幅（価格変動）を示唆してくれるのは黄金分割以外にないという結論に至った。

多くの人は価格（y）を当てることに集中するあまり、時間すなわち日柄の重要性を見落としがちである。しかし、相場が波動であるなら、日柄の分析なしに価格を予測しようとしても無意味である。

投資において価格が重要なのは当然だが、日柄もまた重要である。

たとえば、ITバブルのときには暴落を予測してIT関連株をショートしたものの、予測よりも相場上昇が続いたために、大損した投資家がいた。

「下がる」という予測は正しくても、「いつ下がる」まで予測しなければ、相場で儲けることはできないのである。そして、その「いつ」を示してくれる唯一の手法が黄金分割なのである。

黄金分割とはGOLDEN RATIO

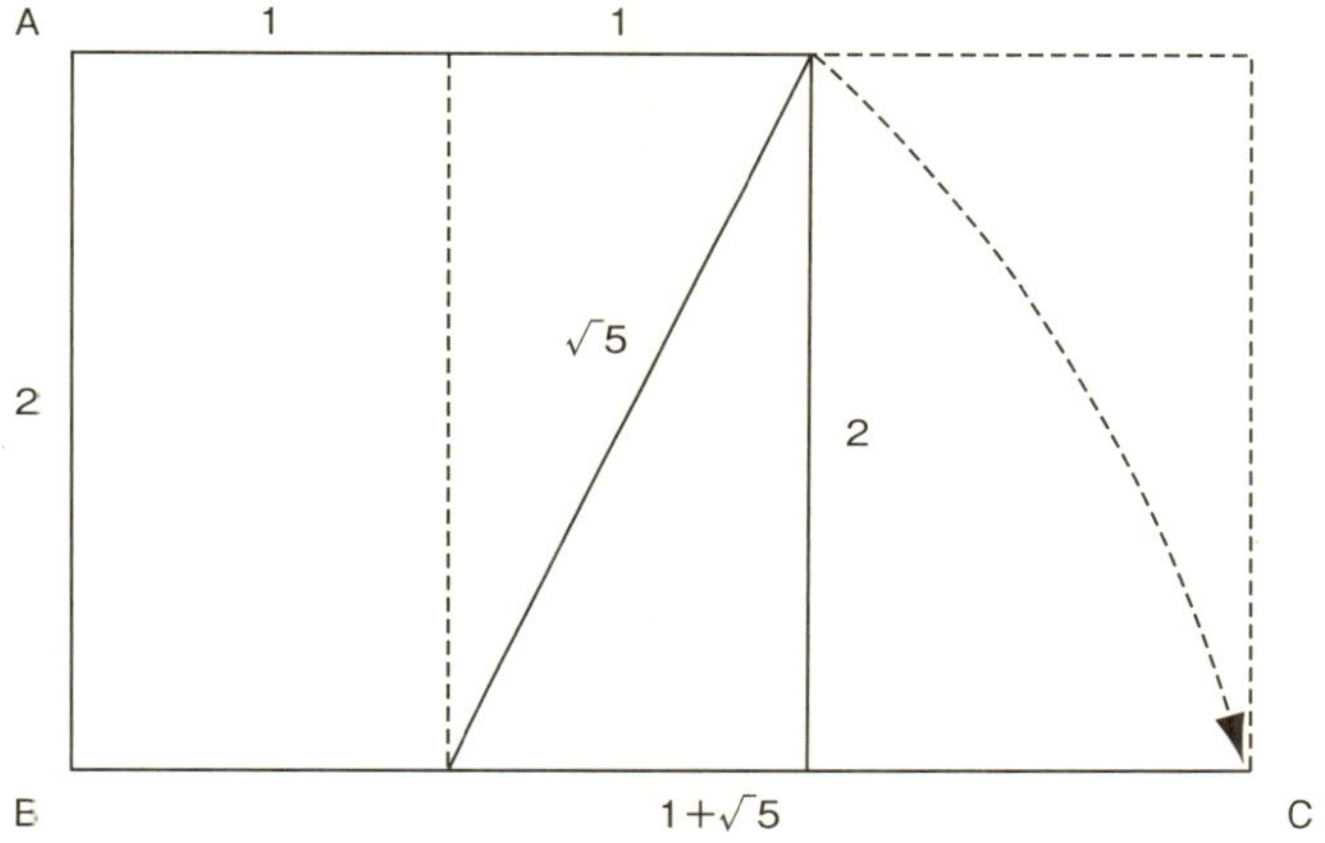

ABとBCの比率が黄金分割（美しい比率）

$$\frac{BC}{AB} = \frac{1+\sqrt{5}}{2} = \frac{1+2.236}{2} = \frac{3.236}{2} = 1.618$$

1.618×1.618=2.618
1.618÷0.618=2.618
1.618×0.618=1.0
2.618×1.618=4.236
2.618+1.618=4.236

IMPORTANT NUMBERS

したがって重要数値	62	162	262	424
およびその半分	31	81	131	212

黄金分割とは、黄金比で長さを分けることで、黄金比とは、長さa＋bの線分が、a：b＝b：（a＋b）となる比のことである（具体的には0・618：1＝1：1・618）。

この比は、いわゆるフィボナッチ数からも導かれる。フィボナッチ数とは、前項と前々項の和から得られる数列で、具体的には、

0、1、1、2、3、5、8、13、21、34、55、89、144、233

である（最初の二項は0と1）。

この特徴は、前項との比が黄金比に収束することである。第四項以降では、

2、1・5、1・667、1・6、1・625、1・615、1・619、1・618、

……と、急速に黄金比に収束していることがわかる。

このフィボナッチ数は、植物の葉の付き方など、自然界に数多く出現する。そして、黄金比は人間がもっとも美しく感じる比でもある。詳しい理由はわからないが、宇宙には黄金比・黄金分割が満ちあふれているということであろう。

黄金分割が与えてくれる指針

私は相場も宇宙の動きだと思っている。もちろん、それは説明できないが、1年がなぜ365日なのか、地球の自転はなぜ24時間で1回転なのか、月はなぜ28日周期で形を変えるのか、誰も説明できないのも同じである。

相場で起こっていることは観測できても、その根本ルールは誰にもわからない。エコノミストたちはいろいろと勉強しているのだが、未来予測のための方法論を見つけられていない。だが、エンジンの仕組みを知らなくても自動車を運転することはできる。同じように根本ルールがわからなくても、有効なルールと思われるのが黄金分割なのである。問題は、黄金分割は複数のことを指し示すので、その複数の指針のどれを取るかというところに分析者の恣意性《しい》が入り込み、そこで間違えるわけである。

黄金分割の方法論は正しいが、いくつかの指針を与えてくれるだけで、「これだ」という指針をくれるわけではない。ただ、この3つくらいのうちのどれかだという指針はくれる。選択の幅を非常に狭めてくれるわけである。

もっと欲張る人は「ピンポイントでひとつの指針が欲しい」と言うわけだが、そこまでいくと「もう神様になれ」ということと同義である。

ただ、私も若い頃には「ほんとに、ひょっとしたら、俺、神様なのかな」と思ったことがあるのも事実である。当たるときには本当に恐ろしいように当たるのである。だが、「ひょっとしたら、俺って神様かもしれないな」と思うと大失敗するわけである。思い上がると天罰は必ず下るということで、世の中、実にうまくできている。

しかし、基本的に方法論は正しいので、間違えるときもあるが、間違え続けることはあまりない。方法論が間違っていれば外れ続けるわけだが、方法論が合っていればきっと波動で当たるときが来るはずである。当たり・外れも、自分のバイオリズムと相場が合っているかどうかということである。

生き物のように振る舞うインデックスの不思議

この黄金分割という方法論を絶対的にこれしかないと思っていて信用しているので、当たらないときには「俺の読みが間違っていた」と考える。選択肢からピックアップしたものが間違っている。そういう間違いがあるときには、必ず何かの思い込みがあるものである。

インデックスがひとつの生き物のように振る舞うことも、相場の不思議である。たとえば、ニューヨークダウ工業株30種平均は30銘柄から構成されるが、算出が開始された1928年からいままで残っているのはGEただひとつであり、残り29銘柄は入れ替わっている。

誰がどう考えても、30銘柄のうち29も入れ替わったインデックスが連続的に動くというのはおかしいだろう。しかし違うのである。インデックスそのものが生き物であり、構成される30銘柄などどうでもいいのである。

これは生物学者福岡伸一氏の「動的平衡論」の体現である。

細胞は毎日入れ替わっているが、生命体としてはひとつのバランスを取って同一性を維持している。一体生命とは何だという考えである。

本当に不思議だが、ニューヨークダウもS&P500も動的平衡を体現しているのである。ブルーチップが30銘柄のうちひとつしか残っていないというのに、それが全部チャートで、きれいに黄金分割で描けるところが不思議の世界である。

日経平均株価もそれほど大幅ではないが、結構入れ替わっている。

わかっていない人は、中身が変わって全然違うものだから、連続性はないはずだと考える。しかし、それは相場を知らない人である。

細胞がすべて入れ替わっても人間は変わらないように、インデックスも動的平衡の不思議を体現しているのである。

ペンタゴンの重要な数字

黄金比の1・618と0・618からは次の数値が算出できる。

1・618×1・618＝2・618

1・618÷0・618＝2・618

1・618×0・618＝1

2・618×1・618＝4・236

2・618＋1・618＝4・236

0・618≒0・62、1・618≒1・62、2・618≒2・62、4・236≒4・24

黄金分割を用いた相場の日柄分析では、この「62、162、262、424」とその半分の「31、81、131、212」を重要な数字として適用している。たとえば、162週、62カ月、262四半期などである。

一辺の長さ1の正五角形の対角線の長さは黄金比の1・618になる。図に示したように、「59、36、23、14」も相場の日柄のタイミングと価格を示す重要な数字である。

また、ペンタゴンを2つ組み合わせたダブルペンタゴンから導出される「95、69、50、31、

ペンタゴン

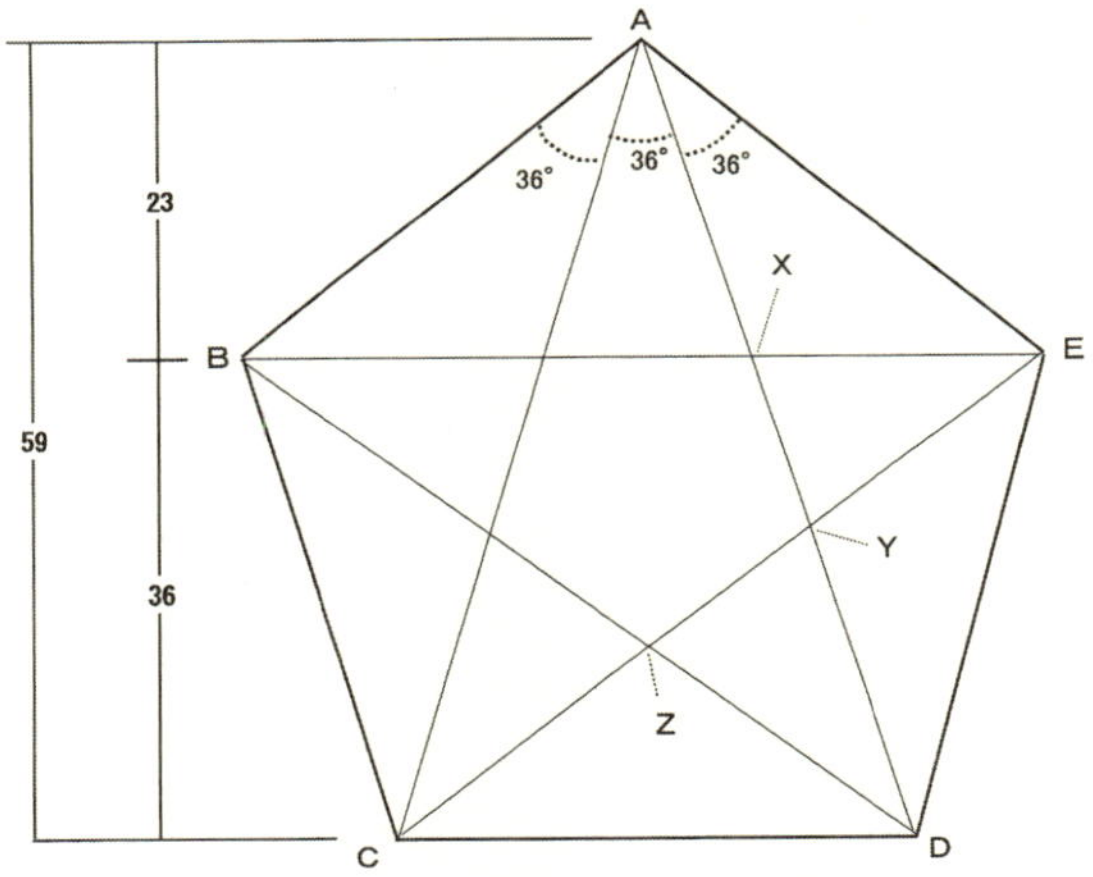

対角線　AC　AD　BD　BE　CE ＝ 61.8
一辺　　AB　BC　CD　DE　EA ＝ 38.2

値頃

CA：水平線　CDから72°で上昇する線（スティープなサポート）
CE：水平線　CDから36°で上昇する線（マイナー黄金分割）
ACを垂線に置いた場合のCD：水平線と18°の角度を保って上昇する線
（メジャー黄金分割トレンドライン）

TIMING		DAYS	W/KS	M/S	
日柄	CDからA CD X Y Z	59日 38日 26日 31日 19日	59周 38週 26週 31週 19週	59カ月 38カ月 26カ月 31カ月 19カ月	その2倍の118

HEIGHT
CとAの高さ（値段）　59　2倍の118も重要
CとXの高さ（値段）　36
CとYの高さ（値段）　23
CとZの高さ（値段）　14

ダブルペンタゴンによるタイミングパターン

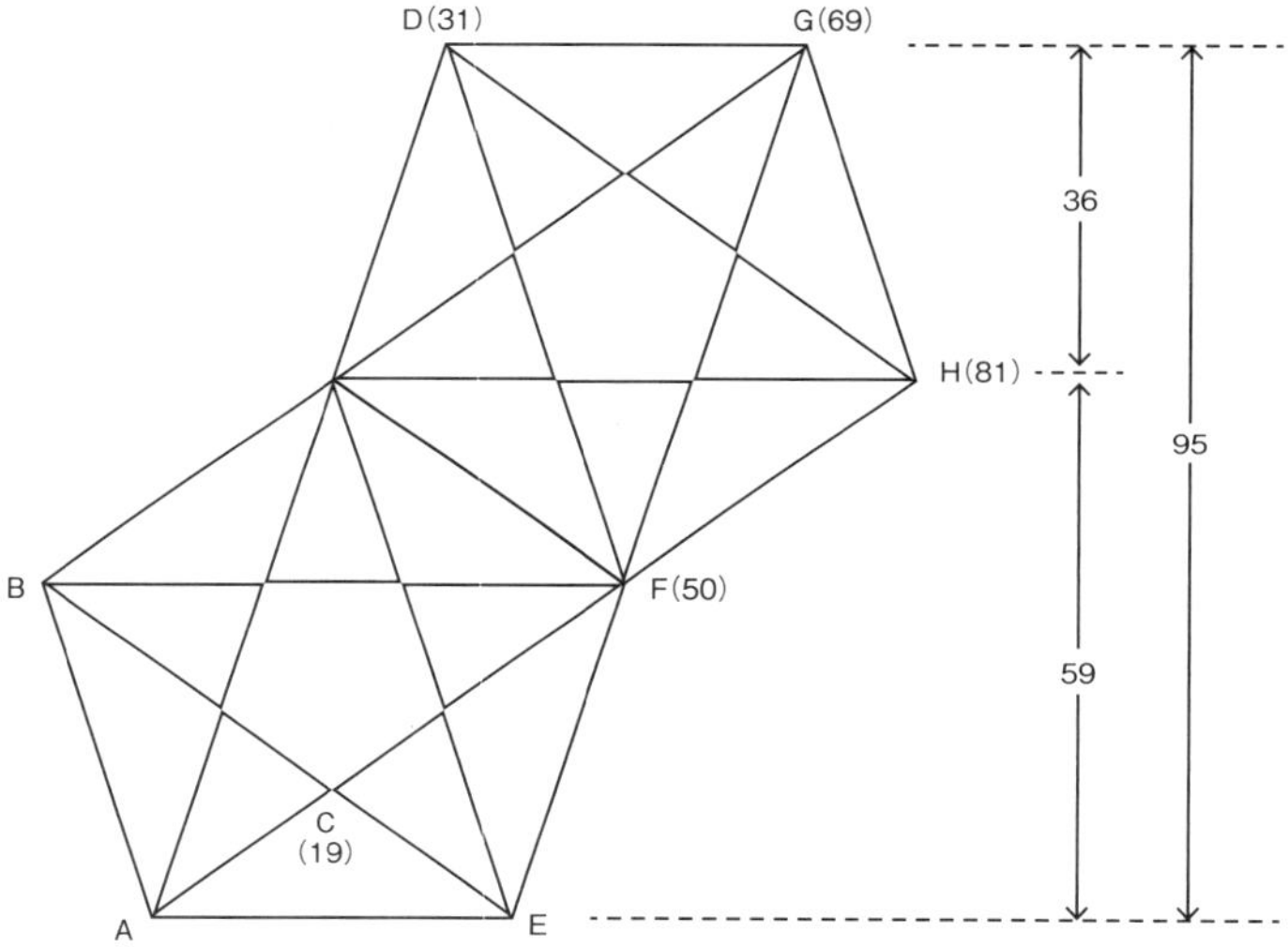

19」も重要である。59日、38週、31カ月などの日柄が相場の転換を示すタイミングとなる。

相場のトレンドを教えてくれるのが正五角形の対角線である。水平線に対して36度のCEが黄金分割のサポート線になる（マイナー黄金分割）。メジャーなトレンドラインはその半分の18度、2倍の72度のCAは急上昇のスティープなサポートになる。

これら18度、36度、72度線を上向き・下向きに延ばしたものが、相場のトレンドやサポート、あるいはレジスタンスのラインになる。

著者略歴

若林 栄四（わかばやし・えいし）

1966年京都大学法学部卒業。東京銀行（現三菱東京UFJ銀行）入行。同行シンガポール支店為替課長、本店為替資金部課長、ニューヨーク支店為替課長を経て、1985年よりニューヨーク支店次長。1987年、勧角証券（アメリカ）執行副社長。1996年末退職。現在、米国（ニューヨーク）在住。日本では外国為替コンサルタント会社である㈱ワカバヤシ エフエックス アソシエイツの代表取締役を務める。歴史観に裏づけされた洞察力から生み出される相場大局観で、国内外の機関投資家、個人投資家に絶大な人気を誇る。
著書に『世界経済の破断界』『2014年日本再浮上』（いずれもビジネス社）、『不連続の日本経済』『富の不均衡バブル』『覚醒する大円高』（いずれも日本実業出版社）、『異次元経済　金利0の世界』（集英社）などがある。

カバー写真／月岡陽一・アフロ
帯写真／中野昭夫

人為バブルの終わり

2018年1月1日　第1刷発行

著　者　若林 栄四
発行者　唐津 隆
発行所　株式会社ビジネス社
〒162-0805　東京都新宿区矢来町114番地 神楽坂高橋ビル5階
電話　03(5227)1602　FAX　03(5227)1603
http://www.business-sha.co.jp

印刷・製本　大日本印刷株式会社
〈カバーデザイン〉上田晃郷
〈本文組版〉茂呂田剛（エムアンドケイ）
〈編集担当〉本田朋子
〈営業担当〉山口健志

ISBN978-4-8284-1998-5

ビジネス社の本

世界経済の破断界

世界に吹き荒れる後退とデフレの真実

若林栄四……著

定価　本体1500円＋税

ISBN978-4-8284-1844-5

世界は同時デフレに突入し、日本だけが回復する！

米国主導経済の停滞と世界経済の末路とは？
また一歩、断末魔に近づいた!?
美しくも残酷な予定調和に世界は収斂されていく！
つまり日本経済以外は全部沈没するのだ

本書の内容